天使百人会系列丛书 ⑥

天使百人会成长印记

中国天使投资人百炼成钢

胡雪琴　刘小鹰　刘德炳 | 著

电子工业出版社
Publishing House of Electronics Industry
北京·BEIJING

内容简介

中关村百人会天使投资联盟（简称"天使百人会"）创办于2013年，是中国第一家登记注册的联盟类天使投资组织。现拥有600多位天使投资人会员，60%为企业家，40%为专业投资人。

"汇聚百人智慧，成就创业梦想"是我们的初心。本书讲述中国天使投资人如何百炼成钢，记录了天使百人会26位天使投资人真诚分享的创业、投资故事，这不仅仅是他们的个人成长史，也是我们伟大时代的变迁史。

天使资本推动科技创新，天使投资人陪跑创业者。读读他们的故事，或许会给我们以启迪。让我们携手同行，为科技创新加油助力！

未经许可，不得以任何方式复制或抄袭本书之部分或全部内容。
版权所有，侵权必究。

图书在版编目（CIP）数据

天使百人会成长印记. 中国天使投资人百炼成钢 / 胡雪琴等著. —北京：电子工业出版社，2023.3
（天使百人会系列丛书）
ISBN 978-7-121-45122-5

Ⅰ.①天⋯ Ⅱ.①胡⋯ Ⅲ.①创业投资 – 中国 Ⅳ.① F832.48

中国国家版本馆 CIP 数据核字（2023）第 033183 号

责任编辑：李树林
印　　刷：中煤（北京）印务有限公司
装　　订：中煤（北京）印务有限公司
出版发行：电子工业出版社
　　　　　北京市海淀区万寿路173信箱　邮编：100036
开　　本：720×1000　1/16　印张：11　字数：184千字
版　　次：2023年3月第1版
印　　次：2023年3月第1次印刷
定　　价：78.00元

凡所购买电子工业出版社图书有缺损问题，请向购买书店调换。若书店售缺，请与本社发行部联系，联系及邮购电话：（010）88254888，88258888。
质量投诉请发邮件至 zlts@phei.com.cn，盗版侵权举报请发邮件至 dbqq@phei.com.cn。
本书咨询和投稿联系方式：（010）88254563，lisl@phei.com.cn。

前言

2014年年初，我刚到天使百人会工作，发现市面上关于天使投资的图书大都由国外引进版权翻译而来，于是，我决定"为天使百人会存记，为中国天使投资人立传"。

自2015年开始，我们每年都出版一本新书，组成"天使百人会成长印记"系列图书，目前已出版的有《天使百人会成长印记：走近中国天使投资人》《天使百人会成长印记：拥抱中国天使投资人》《天使百人会成长印记：读懂中国天使投资人》《天使百人会成长印记：中国天使投资人砥砺奋进》和《天使百人会成长印记：中国天使投资人蓄势待发》。

天使百人会已经走过了7年，策划并举办了很多成熟的活动，如"天使百人会走进家人企业"。通过到企业参访，分享企业家个人创业经历、天使投资人的投资故事和发自肺腑的感悟与心得而广受欢迎。迄今为止，我们已经做了20多期活动，积累了非常丰富的素材。

为此，天使百人会推出专题报道，即"天使百人会·百位天使说"。

2020年上半年新冠肺炎疫情期间，我们开展了三大线上主题活动，尤以"天使百人会让大家认识大家"的自我介绍分享好评如潮。

2020年10月底，随着疫情缓解，我们又从线上转为线下分享，做了一期"天使百人会2020迎新茶话会"活动，让大家倍感亲切和感动。

为此，我写了九篇人物专访长文，如《肖庆平说：1955年，我平生第一次投资就投了80多万元》等，通过"天使百人会"微信公众号发布后，在社会上引起很大关注。

天使百人会成长印记：中国天使投资人百炼成钢

综合历年的"天使百人会走进家人企业"和2020年"天使百人会让大家认识大家"等活动，我们将其中26位天使投资人的个人成长经历汇编成书，绘制了一幅中国天使投资人的集体群像。

记得小米科技创始人雷军曾透露，当年正是在武汉大学图书馆读到的《硅谷之火》点燃了他一生的理想之火。我想，哪怕只有一位读者因为本书受到启迪，从而开启新的人生之路，这本书也就有了其应有的价值。

当前，世界面临百年未有之大变局，让我们踏着时代的大潮，携手同行，共创辉煌！

前　言

致　谢

本书共收录 26 篇文章，本人撰写了其中的 23 篇，本会 AI 投资委主任刘小鹰先生撰写了 1 篇，媒体记者刘德炳先生撰写了另外 2 篇。具体明细见下表。

序　号	姓　名	文　章　名
1	胡雪琴	《肖庆平说：1995年，我平生第一次投资就投了80多万元》等共23篇
2	刘小鹰	《一位企业家出身的天使投资人的30年心路历程》
3	刘德炳	《张杰说：这辈子，我想做两家上市公司》 《范津涛说：即便资本寒冬，我也要踏雪寻梅》

感谢刘小鹰先生、刘德炳先生参与本书的写作，我们共同创作了这部作品。

感谢中国工信出版集团电子工业出版社首席策划编辑李树林先生为本书的辛勤付出！

感谢天使百人会 13 位发起人！

感谢天使百人会 9+1 位（特别）常务理事！

感谢天使百人会 121 位认证会员！

感谢天使百人会 600 多位会员！

正是因为全体家人的支持、关心和参与，才有了天使百人会在 2020 年新冠肺炎疫情中的逆势飞扬！感谢大家！

天使百人会副理事长兼秘书长

目录

企业家篇

肖庆平说 / 3

　　1995年，我平生第一次投资就投了80多万元 / 4

张杰说 / 9

　　这辈子，我想做两家上市公司 / 10

谭左亭说 / 15

　　"风控一姐"说风控 / 16

曹培海说 / 18

　　创业帮我战胜了抑郁 / 19

范津涛说 / 25

　　即便资本寒冬，我也要踏雪寻梅 / 26

富彦斌说 / 30

　　我当年创业时，中国还没有制定《公司法》/ 31

林菁说 / 33

　　深夜12点跑10公里的企业家 / 34

齐建新说 / 42

　　一个从老革命家庭走出来的天使投资人 / 43

齐中祥说 / 47

　　让人心不再难测 / 48

宋涛说 / 53
　　从华为到小米再转战金山办公 / 54

苏继挺说 / 65
　　为什么我的英文名叫 Morgan / 66

王玮说 / 74
　　我们是怎么做到世界隐形冠军的 / 75

肖立杰说 / 80
　　我是为财务而生的人 / 81

曾志说 / 84
　　我们的竞争对手是华为 / 85

张栋说 / 91
　　我是怎样把世界上最快的船引进中国的 / 92

张新说 / 97
　　穿越塔克拉玛干沙漠的企业家 / 98

专业投资人篇

蔡蕙浓说 / 105
　　7个月在荒地上建成一所学校，开学1008名学生报到 / 106

郭延生说 / 111
　　把企业搬进大学校园 / 112

刘小鹰说 / 116
　　一位企业家出身的天使投资人的30年心路历程 / 117

刘新说 / 127
　　我就是传说中那个腾讯股票拿了10年的人 / 128

毛海说 / 134

　　一位投资人的三大人生转折点 / 135

石继强说 / 138

　　腾讯众创空间（天津）背后的故事 / 139

孙国富说 / 143

　　关键时刻要能豁出去 / 144

汤旭东说 / 151

　　投资人是如何炼成的 / 152

张翊钦说 / 156

　　一位中关村互联网人向天使投资人的转型 / 157

朱斌说 / 161

　　1 亿美元的银行 IT 大单是如何炼成的 / 162

企业家篇

16位

"天使百人会走进家人企业"活动

"天使百人会走进家人企业"活动合影

肖庆平说

天使百人会发起人

天使百人会常务理事

天使百人会副理事长

天使百人会投资学院副院长

天使百人会种子基金（Ⅰ）期管理合伙人

先后担任海南金岛文澜公司总经理，海南国际投资合作公司副总裁，洋浦石油有限公司董事长，中保信实业投资有限公司副总经理，北京连邦软件有限公司高级副总裁，北京掌上通网络技术股份有限公司（简称"掌上通"，股票代码：430093）董事长，中国旅游资讯网董事长，9588旅行网董事长。

1995年，我平生第一次投资就投了80多万元

我是一个湖南人，也是一个老北漂；

我是一个中关村人，也是第一代互联网人；

我是一个企业家，也是一个老天使投资人。

这是天使百人会发起人之一、北京掌上通网络技术股份有限公司董事长肖庆平的自画像。

一个湖南人被一个香港人激将到了北京

我出生于湖南，1983年湖南大学毕业，1988年到北京。我过去从未来过北京，为什么要走出湖南成为北漂？这缘于一个胖胖的香港何姓代理商的激将。现在回想起来，当年的场景还历历在目。

当时，我在湖南一家外贸工厂当车间主任，产品出口到美国。年轻气盛，风头正劲，但没想到何某却对我很不屑："外贸你不懂的。"

我说："这有什么不懂啊？不就是一个FOB（船上交货）价格还有一个CIF（成本加保险费加运费）价格嘛！"

他说："在中国，只有北京外贸学院的人，才是真正做外贸的。"北京外贸学院就是北京对外经贸大学（简称"贸大"）的前身。

我被这句话刺激到了。我下定决心，刻苦复习，终于考取了贸大的研究生。1988年的贸大硕士招生考试竞争极其残酷，录取比例大概是150∶1。现在回想起来，还很让人感慨。其实那正是我这一生离开故土闯荡江湖的起点。

企业家篇

1991 年闯荡海南，初涉天使投资

特立独行或许是我的本性，在我的几次择业中一再得到了体现。1991 年，我硕士毕业。绝大部分同学都去了国家对外经济贸易部和各大外贸总公司，但我选择去了海南。刚开始我做外贸，后来做实业，最重要的是开始了我人生第一笔投资。

1995 年，我在海南工作。因为老板去了一趟美国，发现美国满大街都在卖电脑，他认为中国也会这样，主张投资电脑。于是，威龙电脑就成为我们的投资标的。

我跟投了 80 多万元，这在当时是很大的一笔钱，可以买好几套房。这也是我人生第一笔天使投资。后来，威龙被上市公司并购，我顺利退出。有了这个良好的开局，开启了我一生的投资之路。

1997 年，再回北京，投资连邦软件和 8848

1997 年，我回到北京，参与组建中保信托实业投资公司。过去，我们投电脑硬件；现在决定投软件，于是投资了与威龙电脑有代理合作关系的连邦软件。当时，连邦软件花光了苏启强投资的 500 万元，只剩下债务。

拥有国资背景的中保信托实业投资公司要开展风险投资业务，其实很难。

开始，我们请专业律师起草了一份协议，当时没有风险投资的理念，被法务认为是国有资产流失，没有通过审核。我只好自己重新琢磨，起草了一份协议，经层层上报，最后好不容易才得以顺利过关。

后来，连邦软件的电子商务部独立出来，成立了 8848 公司，以世界最高山峰珠穆朗玛峰的高度 8848 米来命名。它是中国第一家电子商务公司，曾经雄心万丈、盛极一时，但最终不幸倒闭，成为很多商学院的经典案例。不

过对我们投资人来说，回忆起来满眼都是泪。

1999年，整个中国的信托公司合并，于是中保信托就和中农工建四大行合并组建了"银河证券"。

中保信托被撤销了，我又一次站到人生的十字路口，如何选择？我还是没有选择进大机构，而是考入人大读博士。但1999年的我早已不是1988年那个懵懂青年，校园再也拴不住我那颗闯荡江湖的心。

第一代中关村互联网人 + 投资人

从1999年起，我的主业变成了投资。2000年，我投资了一个中国旅游资讯网站，当时在旅游类网站中排名第一。

我还投资了一位做数字化照片冲印的清华学生。原来冲印机要100多万元，他几万元就能搞定。产品做了出来，也开了店，但终究没有实现规模化发展，几百万元的投资打了水漂。

因为对高科技的敏感度，我深度介入了互联网。我不仅投资了很多互联网公司，而且还为很多互联网公司的发展出谋划策。像新浪网当年的邮箱收费；联众游戏从免费转向收费；杀毒软件从套装软件变成免费下载，但按月付费等。

2000年，我投资了掌上通，这是中国第一家提供手机上网服务的公司。其中有3名南方创业者，他们第1年就花掉了全部天使投资的钱，没找到A轮投资，便准备撂挑子了。

2001年，作为投资人，我只好把公司接了过来，把自己也投了进去，成为公司董事长，一直做到今天。

2013年，清华大学五道口金融学院常务副院长廖理举办了一个全国性的

"清华大学创业者训练营"。我受邀去做演讲，因此梳理了一下自己的投资经历，18年投了30多个项目。

迄今为止，我大概投了40多个项目，总金额近亿元。

三大投资心得

回顾25年的投资历程，有三点自我总结。

第一，我是一个理想主义者，希望为社会做点贡献

曾有人问我："这么多年，为什么不用这么多钱去买房，而傻乎乎地去投资，不后悔吗？"

其实，我真的不后悔。这可能与我的个性有关，特立独行，不做寻常事，不做寻常人。或许，我用这些钱去买房，早就是10亿元级的富翁了。有那么多人买房，我干吗要去凑热闹，我希望做点真正有价值的事。

我投资年轻人，帮助他们成功。中国只要有一批投资人在做，就会有年轻创业者能成功，就有人推动这个社会的进步，哪怕不是我投资的创业者，我也心满意足了。我与时代同频共振，从而客观上影响了时代的发展，时代也见证了我的成长。

第二，我投资比较随性，对新事物比较感兴趣，胆子也比较大

过去，有些聪明孩子刚出道，他真的没钱，虽然有梦想、有想法，但是天天吃馒头，他也坚持不了多久。

让我感兴趣的项目，我一般会说："那行吧！我钱比你多一点，我给你点钱，开干吧。"

第三，我是个老投资人，交过高昂的学费，现在天使投资比过去更难了

天使投资其实是个技术活，没有经过系统训练，很难练就真功夫。我做投资这么多年，是从摸爬滚打中过来的，渐渐有点心得，但过去都交了高昂的学费。

现在天使投资环境已经今非昔比。创业者开始变得浮躁，项目估值动不动就几千万元甚至上亿元。而真正优秀的创业者，他不需要单纯的财务投资，而是需要能够为他带来资源的投资人。

希望到 70 岁时，咱们还能一起去打高尔夫

2013 年，我受乔迁邀请参与发起天使百人会，做一个天使投资人的平台，帮助企业家转型成为天使投资人，初心是"汇聚百人智慧，成就创业梦想"。这与我的"三观"高度契合，我欣然加入。

经过近 8 年的稳健发展，天使百人会的影响力越来越大，我深感欣慰。

由于微信朋友太多，我特意注册了两个微信，一个微信名为"肖庆平"，一个微信名为"天使百人会肖庆平"；我也特别印制两种名片，一个是"掌上通董事长肖庆平"，一个是"天使百人会发起人肖庆平"。

我对天使投资将一如既往地进行，对天使百人会也将一如既往地支持。欢迎各位兄弟姐妹加入天使百人会大家庭。希望到 70 岁时，咱们还能一起去打高尔夫。

张杰说

天使百人会常务理事

天使百人会骑行俱乐部部长

中华全国专利代理师协会常务理事

三聚阳光知识产权集团董事长、创始人

后羿（北京）基金管理有限公司董事长

北京大学国家发展研究院 EMBA

美国纽约福特汉姆大学（Fordham University）硕士、博士

创办北京三聚环保新材料股份有限公司（股票代码：300072）等多家企业，拥有丰富的企业运营及管理经验，投资并参与多个投资公司及基金的管理和投资决策，对节能环保、新材料、高端装备、人工智能等先进技术的创新价值和知识产权分析有独到深刻的见解。

天使百人会成长印记：中国天使投资人百炼成钢

这辈子，我想做两家上市公司

"知识产权行业的春天要来了，今晚要'会须一饮三百杯'！"2018年3月20日，当天使百人会一行20人走进北京三聚阳光知识产权代理有限公司（简称"三聚阳光"），听闻在两会上总理当天上午答记者问中3次提到"加强知识产权保护"时，张杰先生朗声大笑并如是说。

聆听他成功创业的一路历程，正是一个"聚"字，道尽其商场风云。

三英会"聚"：演绎资本市场一段佳话

提到张杰和三聚阳光，就不得不提到在A股市场上十分耀眼的三聚环保（北京三聚环保新材料股份有限公司，股票代码：300072）。

从2010年4月登陆创业板，三聚环保市值一路走高，是资本市场中颇具明星气质的一只活跃股。

三聚阳光和三聚环保什么关系？"这是我先后创办的两家公司。"张杰说，"创办三聚环保，是我人生的重大转折点。"

这一转折充满了戏剧性甚至是曲折。那是1997年，张杰从国家知识产权局专利局辞职下海。但刚开始，他选择的并非专利领域。

在校友林科的鼓动下，他们决定共同创立一家专注脱硫技术开发的公司。

"当时，我们去过多家石化公司现场。炼油厂厂区特别臭，原油区也臭，污水汽提装置也时常发生泄漏，还发生过多起硫化氢毒死工人的事故，我们判断未来脱硫会是大方向，于是准备开发高效低成本的脱硫剂。"

但他们俩都不擅长这方面的技术。通过检索专利的方式，他们找到了技术合伙人——北京大学刘振义教授。这就是"三英"会聚创办三聚化工,即三聚环保的前身。

他们开始只凑了 10 万元,连试验经费也捉襟见肘。张杰说道:"我们起步晚、底子薄,没有技术就没有壮大的可能性,勒紧裤腰带也要投入研发。"

创业伊始,在一年半的时间里,张杰和林科都没有拿一分钱工资。到创业第二个年头,终于有了第一家用户试用,两人才从公司拿了一笔钱回家过年。

经过两年研发,三聚环保终于实现了脱硫剂产品的量产,并在中石油、中石化等企业全面推广。

2000 年,三聚环保获得了北京海淀科技公司的 2000 万元投资,终于插上了腾飞的翅膀。

2010 年,三聚环保终于上市。

精力凝"聚":二次创业奋力追梦

早在 2000 年,张杰再次以"三聚"为名,独立成立了三聚阳光专利事务所,即北京三聚阳光知识产权代理有限公司的前身。这令三聚环保获益良多。

通过三聚阳光,三聚环保共申请了 464 项中国专利,其中 241 项发明专利已获授权,三聚环保成为发明专利数量最多的创业板上市公司之一。

三聚环保在美国也取得了十几项相关发明专利。

经过几年努力,其脱硫成套设备已进入美国的页岩气脱硫市场。

三聚环保的市值从 2010 年 4 月上市之日的 50 多亿元增长到如今的 700 多亿元,上涨了十多倍,成为沪深两市市值较大的环保股,而"持续多年的技术创新和专利战略功不可没"。

但随着三聚环保的发展壮大,专利人出身的张杰又有了新追求。

20世纪90年代前后，他曾经在专利审查岗位上工作了11年。那时，中国专利事业刚刚起步，中国人的发明专利申请还较少，而且申请质量也较低。

作为一名发明专利审查员，他目睹美、日、欧等地区的公司动辄几十页、上百页的专利申请说明书以及数十项权利要求，深感中外知识产权方面的差距之大。

三聚环保专利战略的成功，让张杰萌生用知识产权助力更多中国企业创新成功的想法。

如果说过去三聚阳光是他的副业，那么现在要把它变成主业；如果说过去三聚阳光仅仅为三聚环保服务，那么现在，他要服务全中国的企业甚至服务全球的企业。他希望三聚阳光能成为最受尊重的知识产权企业。

2011年，他毅然告别三聚环保，全力投入三聚阳光，开始第二次创业，他希望将三聚阳光也送上资本市场。如今，他离目标也越来越近。

从产业链来看，三聚阳光已囊括申请授权、维权保护、咨询及战略制定，以及技术创新、风险投资等全产业链。

从区域来看，国内业务遍布120多个大中城市；涉外业务遍及全球180多个国家和地区，与200多家律师事务所有业务合作。

在资质荣誉上，三聚阳光获得国家知识产权局首批"全国知识产权服务品牌培育单位"、首批"知识产权分析评议服务示范创建机构"、"中国杰出知识产权诉讼团队"等称号。

就整体业绩来看，三聚阳光业务收入已达到数千万元，行业排名也较为靠前。

三聚阳光总经理张建纲表示，有两个数据能体现公司的实力，一是全国发明专利审批授权率不到50%，而三聚阳光则超过90%；二是三聚阳光处理知识产权纠纷胜诉率达到80%，2017年甚至超过90%，远高于行业50%的平均数。

"聚"焦高端：构筑高地以不变应万变

国家知识产权局公布的 2017 年中国专利统计简要报告显示，在多个专利领域的申请项目上，华为都位居国内企业前三名。

此前，华为创始人任正非强调，知识产权将成为华为开拓市场的"核"保护伞。

从政策层面看，近年来我国对知识产权保护的力度越来越大。随着国家进入高质量发展阶段，知识产权行业春风拂面。三聚阳光正沐浴春风，茁壮成长。

但就整个行业来说，仍面临一些困局，比如行业比较分散，规模仍然偏小，还面临互联网的冲击。

目前一些互联网知识产权代理公司，业务成长较快，行业出现变局。张杰表示，在一个开放包容的时代，新挑战、新难题、新机遇必然越来越多。

就 2017 年来说，虽然面临新挑战，但三聚阳光的业绩仍然向上增长。"我们的策略是聚焦高端市场。因为在高端业务方面，比如专利的撰写，特别是发明专利的代理上，互联网模式在质量控制方面难以把关。"

天使百人会对话张杰

天使百人会：作家路遥说过，人生的路虽很漫长，可最关键的只有几步。您人生中的关键节点是什么？

张杰：我经历了两个关键转折点。

第一是我青少年时代 3 年的习武经历。八九岁时，我生得十分瘦小，经常被人欺负，常哭着鼻子回家，这让作为军人的父亲难以容忍。于是他给我找了一个武术教练，教了我 3 年。

从此，我脱胎换骨，铸就了克服困难、战胜自我的意志品质。在我以后的人生中，再苦再难，我都敢于迎接挑战，这是父亲给予我的巨大的精神财富。

第二是认识了校友林科，我们一起创办了三聚环保。

天使百人会：对您影响最大的人是谁？

张杰：当然是我姥姥啦！

因为父母在青海支边，我从小是姥姥带着在北京生活的，同时照顾我和舅舅家的孩子。姥姥虽然已经走了好多年，但她对我的疼爱让我终生难以忘怀。她虽然没有受过太多教育，但知书达礼，慈祥善良。姥姥说："有山靠山，无山独立。"这句话很质朴，却让我受益一辈子。

天使百人会：您最喜欢的运动是什么？

张杰：滑雪。

刚辞职那年，我开始去吉林学滑雪。但那时候没什么钱，装备也贵，也没钱请教练，租一套简单的装备就自己去滑雪场。

每年1次，去了3次，每次学3天半，摔了100多个跟头，从中级道冲下来，然后弹起来，冲1米高再落到地上，爬起来继续滑，最后终于学会了。

当时我正在艰苦创业期，自信心并不太足，但通过学习滑雪，征服滑雪，也让我自信心大增，激发了我的创业斗志。

这些年，我一直在不断挑战没去过的雪场、没上过的雪道。雪道越高、越陡、越险，越有挑战，我感觉越有征服的欲望和激情，也越有成功后的喜悦。人生不也如此吗？

谭左亭说

天使百人会发起人

天使百人会监事长

北京石创同盛融资担保有限公司总经理

中关村科技融资担保公司创始人

拥有 10 年教育工作、10 年信息统计工作经验，20 多年担保融资、小额贷款、履约担保、诉讼保全担保、投资、资产管理等微金融、类金融和信用服务实践及经验。

累计服务了数万余个项目、企业和创业者，其中包括数百家上市公司与金融机构。未来将持续与创业创新者为伍，做信用的表率与基石，不断创造信用财富和社会价值。

"风控一姐"说风控

投资人最怕什么？

银行最怕什么？

担保公司最怕什么？

除了风险，还是风险。风险几乎是他们共同的敌人，而对天使投资人来说，风险尤甚。因为我们面临的是有诸多不确定因素的早期项目。

风险控制有无规律可循？

判断一个项目有无风险的标准是什么？

人人视风险为恶魔，她却视之为顽童。

在天使百人会第54期周五主题活动上，本会监事长、北京石创同盛融资担保有限公司总经理谭左亭女士条分缕析，娓娓道来。

作为中关村科技担保的元老，浸淫担保行业数十年，中关村名副其实的"风控一姐"谭左亭女士，从担保的角度，为我们揭示了规避风险的三要素。

第一，信用是风险的天敌，信用越高，风险越低

信用是一个人与生俱来的财富。从呱呱坠地的婴儿到年过古稀的老人，莫不如此。人的一生也是一个累积信用的过程。

从银行的砖头文化来说，贷款对象要么有地，要么有房，信用的价值被严重忽视。从担保的角度来说，信用是远比砖头更重要的财富。担保就是挖掘信用，积累信用，变现信用。

第二，信息对称就能规避风险

为什么有风险？就在于信息不对称。对方的信息你不了解，就构成风险。要想获得全面的信息，必须深入企业，掌握企业的前世今生。根据企业所有人的过往，加之他的现在，绘出他的成长轨迹，就能大致预测他的未来。

譬如一个公司连续三年亏损，在银行贷款一定会被拒绝，担保不然。

"我们会综合考虑多种因素。如果当前的经济大势整体滑坡，你让他一枝独秀也是不现实的。如果他连续失败，但他不断从失败中吸取教训，一点点地进步。而"中关村"的精神就是允许失败，这样，我们也会给他做担保。"

其中，信息技术功不可没。他们建立了庞大的数据库，高达 2 万家企业的信息尽收其中。

第三，"保后管理"更重要

确立了担保关系是否就高枕无忧了呢？谭左亭的回答是否定的。

担保关系的确立仅仅是第一步，更重要的是"保后管理"。

"我们会与企业一同分析股权和债权比例是否合理？确定下一步的融资方案、市场开发的节奏、商业模式的完善等。"

可见，"保后管理"的时间更长，工作更细致，帮扶更有力。一旦确立担保关系，就意味着担保方将与企业并肩战斗。

他山之石，可以攻玉。风险既然是大家共同面对的难题，也许担保的方法可以为天使投资人所用。譬如，我们需要更重视"投后管理"。但我们很难投入那么大的精力去挖掘创业者的信用，那是否可以借力担保？！

曹培海说

天使百人会医疗大健康投资委委员

北京传祺泰科医疗信息技术有限公司总经理

北大光华 EMBA

曾留学日本学习经济管理八年。2005 年回国从事 PRE-IPO 基金投资工作，先后投资北京博奇电力、诚信环保等企业。他所投企业在境外成功上市，从而实现退出并获得丰厚收益。

2013 年开始自主创业，先后投资并参与经营北京传祺健康，并与日本上市公司成立远程医疗合资公司——北京传祺泰科医疗信息技术有限公司，并实现 A 轮融资。

创业帮我战胜了抑郁

因为创业压力过大,患上抑郁,不幸跳楼自杀。——这是我们常常从媒体上看到的新闻,但我们却很少听到"创业拯救了我,创业治好了我的抑郁"。

但是,这就是天使百人会医疗大健康投资委委员曹培海的亲历人生。

"传祺"创造传奇

2016年11月22日,第6期天使百人会走进家人企业活动中,曹培海向我们平静地披露了自己那段惨痛的过往。

曾经两次抑郁,曾经年少时光却满头白发,曾经处在生死一线,但创业却将他拉回到正常的人生轨道。

他的人生故事因为战胜自我而精彩,但与之相比的创业故事同样毫不逊色。

他曾经在东瀛打拼,作为投资人纵横职场,但后来选择创业;

他曾经在医疗健康的市场多点突破,但最终聚焦于病理数字化;

他曾经目睹中外医疗差距,肿瘤患者因为病理误诊带来的人间惨剧,中国病理医生的价值被严重低估,萌发了"总想做点什么来改变这种现状"。

于是,他一手创办传祺健康(北京传祺盛世健康科技有限公司),三大布局,即传祺医信、传祺医生和传祺国际。

其中,传祺医信主攻病理数字化。

让我们走进曹培海先生的"传祺世界",看看传祺如何创造传奇。

世界上最动听的话不是"我爱你",而是"你的肿瘤是良性的"

"'医生的医生''医生中的福尔摩斯''裁定肿瘤的法官',这些都是送给病理医生的光环,但令人痛心的是,这样一个关键的医生群体却在中国被严重忽视。"

"位轻、钱少、责任重"是当前中国病理医生的群体写照。

近20年来,癌症发病率在中国持续增长。现在,中国居民每死亡4个人就有1个是因癌症而亡,平均每天有7500人死于癌症。

所有的癌症患者都经过了病理科医生的诊断吗?其中误诊率有多高?

据曹培海介绍,曾有一家知名骨科医院,为某位骨肿瘤患者做了截肢手术,但后来病理活检(活体组织检查)结果显示:"肿瘤系良性。"

一次误诊给一个人带来一生的噩梦,更别说那些冤赴黄泉路的肿瘤患者了。

病理医生手握癌症诊断的重要环节,但在医院长期以来却一直被边缘化。

中国病理医生的待遇与发达国家有天壤之别。——这就是曹培海给我们揭示的无奈现实。

国外病理科医生是大牛

一个小型医院病理科的最小标配应该是一位病理医生和一位技师。前者负责诊断,对技术要求非常高;后者负责病理切片制作,可以通过培养而速成。

"没有经过近20年的实战训练,一位病理医生很难拿出一份合格的病理报告。"

据曹培海介绍,国外小型医疗机构大都不会养一个读片子的医生,病理诊断通常会委托专业的第三方去做。

"美国、日本的病理医生都非常牛。"曹培海介绍,"外科医生只有拿到病理医生的诊断报告,才敢做手术。"

"病理医生可以多点执业,不仅地位高,甚至工资也比外科医生高。"

"中国缺9万病理医生"

"第一,需要主观判断;第二,有亚专业的要求,中国有些医院病理科基本处于半瘫痪的状态。个别县医院没有病理科,基本做不了手术。"

现有病理医生大都集中在大城市里的三甲医院,有些地方的三甲医院病理科水平也令人堪忧。

"全国现在在册的病理医生不足9000人。按照每百张床位配备一名病理医生计算,中国缺口约为9万人。"曹培海说。

"对医院而言,外科大夫直接面向患者,解决病痛,创造收入,但病理所在的医技科则被算为成本。这就像一个高科技企业,研发部门被算为成本一样不合理。"

据了解,中国医院科室设置仿照的是当年的苏联医院模式,病理被划归"医技科",在医院处于边缘地带。

现在时过境迁,这种模式早已落伍,但始终未改。

病理数字化是医疗信息化最后一块堡垒

据曹培海介绍,在医疗信息化中,全世界的病理诊断大都还是传统模式:"一个病理医生,一台显微镜,一个活体组织切片。"

如何将传统病理转型为数字病理,曹培海从国内外现状、宏观政策和科技发展进行了深度分析。

从国际上来说，美国、日本病理研究比较发达，病理医生的水平也很高，但他们有撰写学术论文的客观需求。

由于患者数量少，就同一病症，美国、日本医生一年只能收集 15 个案例，几年都出不了一篇论文，但在中国一个月就可以收集 100 个案例。这就是发达国家医疗专家愿与中国合作的动力。

从宏观政策来说，中国刚刚出台了"健康中国 2030"规划纲要，鼓励建立四个第三方中心，其中就有"病理诊断中心"。

从科技发展来说，要想把一个活体切片扫描成一张数字图像，过去需要 1.5 小时，现在则缩短为 90 秒。高科技的迅猛发展终于让病理数字化成为现实。

数字病理送优质医疗资源下乡

如何解决地方医院病理医生缺乏的痛点？"我们可以通过建立远程病理诊断平台来解决。"

2016 年年初，北京大学医学部病理中心联合美国、日本等全球顶级病理资源，建设了国际远程病理合作项目，意在打造世界上最权威的远程数字病理平台。

曹培海的"传祺医信"成为该项目的技术支持与运营方。

"传祺医信"由曹培海先生的传祺健康与日本最大的远程医疗上市公司 TECHMATRIX 株式会社（股票代码：3762）共同出资设立。

在该项目实施中，有一个关键设备即"传祺盒子"，系全球首款精准远程诊断装置。

此盒子基于日方 TECHMATRIX 株式会社技术研发而成，将病理影像压缩、传输、读片等八大功能集于一身，已在全球范围内得到广泛的应用。

地方医院将数字病理切片通过"传祺盒子",先上传到云端,再由云端下载到本地。

在北大医学部病理中心的远程诊断平台上,国内外病理专家均可在线会诊,给地方医院回复诊断报告。

"现在,我们已经连入 8 家医院,有两个山东和内蒙古的医联体。"

"明年计划连入 50 家地方医院,其中有二级医院,也有部分三级医院。"

从 PE 转型医疗

说到传祺健康和日方合资办公司,曹培海透露,自己曾就读于北京外国语大学日语专业,在大学一年级的时候就被送到日本留学,之后攻读了东北亚政治与经济专业的硕士学位。

"我曾在日本待了近 8 年,毕业后到一家资产管理公司做 PE。在节能环保和医疗方面投了一些项目,业绩不错,有几家已在境外上市。"

"虽然管着几亿到几十亿元的资金,但那都不是自己的钱,我总想干点实体。"在北大光华读 EMBA 时,他和几位同学一起出来做医疗健康。

"我并非医学科班出身,但对医疗有种莫名的喜欢。

我常年游走在国际医疗市场,痛感中国病理诊断与发达国家的巨大差距,我总想做点什么来改变。"

"做传祺健康,我付出良多,走过很多弯路,遇到过很多挫折,但我无怨无悔。"

"我曾经两次抑郁"

在第 6 期天使百人会走进家人企业活动的晚宴上,曹培海先生意外披露:

"我曾经两次抑郁。一次是在十几岁的时候,一次是在 30 岁时。"

在孩童时期,每个人或许都会对生死产生疑问,但都会一闪而过,而曹培海却为此抑郁了整整半年。

"我突然意识到人如果死了,所做的一切就都没有意义了。于是,抑郁了,不和人说话,但半年后就好了。"

"自上大学起,我就长期失眠。每天只能睡三四个小时,头发全白了,同学们戏喊'辅导员'。但我还是一个二级运动员,北京外国语大学 100 米短跑纪录 11 秒到现在还是我的纪录。"

而立之年,曹培海陷入严重的抑郁中。

"我已经赚了一点小钱,却迷失了人生方向,非常空虚。不知道下一步怎么走,人生意义是什么,人生的支点究竟是什么。"

"我必须采用极端的方式消耗体力,譬如在大街上不停地走。如果停下来,就只有一个念头——死。"

"看到电梯,我就想跳下去。如果躺下后,要努力克制自己不想。突然想到死,立马就喘不过气,坐起来满头大汗,觉得呼吸都困难了。"

人大都会贪得无厌,烦恼不断,曹培海却说:"其实,没有欲望才真正可怕。抑郁中的人什么都不想,成天唯有求死的执念,那才是真正的地狱。"

"创业治好了我的抑郁。过去可能是闲的,因为创业,人一下子高速运转。半年后,我的抑郁就消失了。"曹培海说,"这个世界上再也没有什么东西能打倒我,因为我曾经独自面对过那么黑暗的世界。"

范津涛说

天使百人会理事

天使百人会家人产品服务委主任

天使百人会节能环保专家委副主任

北京云创共享科技有限公司董事长

中诚科创科技有限公司董事长

西藏国策环保科技股份有限公司副董事长

北京中关村通信网络发展有限责任公司总经理

北京宝通广厦投资管理有限公司董事

澳大利亚国立大学 EMBA

10年外企工作，10年上市公司工作，10年投资，有较多的经验与感悟，致力于成为快乐投资人，与被投资企业共创共赢。

即便资本寒冬，我也要踏雪寻梅

资源是有限的，资本亦然，甚至尤其如此。

2016年，当全世界最显赫的政要和经济组织负责人都到杭州参加G20，为世界经济求解"中国药方"时，资本市场也正感受着寒冬的阵阵寒意，或许，雪花已在飒飒降落地面。

但即使是冬天，也有好景值得人期许。

踏雪寻梅，正是这时节的赏心佳事；而且，冬天正是伺机播种的好时候；更何况，就全球来看，这季节，中国风景独好。

"把有限的资源在合适的季节播种在合适的地头，然后耐心等待春天的生长、秋天的收获，这正是我们一以贯之的理念。"

2016年9月6日，天使百人会走进家人企业——北京云创共享科技有限公司，其创始人范津涛在分享自己的创业投资心路历程时坦言道。

只投资那些为社会创造正向价值的行业

"无论从资本的角度还是从大势看，投资都是一件值得慎重考虑的事。"曾在爱立信工作多年、此后在投资和创业领域均有较大建树的范津涛开玩笑说，"胆小者勿入，冒进者更要不得。"

他认为，不兢兢业业而贸然投资，必然遭遇诸多陷阱。不过，虽然中国经济转入L形走势期，但从长远来看，潜力还是很大，资本还能有所作为，甚至大有作为。

范津涛说："对于资本而言，必须有所为有所不为。我们投资的企业要为社会创造价值，但不能创造负面价值。"

"我们要投资那些未来人们需要的、有长远发展前途的、能给社会创造正向价值的行业。非如此，难以长远。"

至此，有关他的投资理念已浮出水面。

高成长性领域的投资逻辑

投资人要开眼看世界。

作为资深天使投资人，范津涛经常和不同年代出生的创业者、投资人交流，同时深入研究资本市场的走势。

他认为，有利社会文明、人类健康、子孙后代可持续发展的战略投资才是正确的方向。

环保、医疗、妇婴和互联网等是值得投资人长期关注的领域，也是他资本布局的重点。

比如，在环保领域，范津涛和他的同学在西藏联合创办的国策环保，运营西藏珠峰大本营垃圾的清扫、处理和污水的收集处理等，将有望成为西藏首只创业板上市企业。

自动化验机的问世，给医院尤其一线城市三甲医院带来的价值有目共睹。范津涛投资的北京白象新技术公司正是这一领域的佼佼者，目前相关专利技术已达100多项。

未来属于孩子们。从新生命的胎教开始，范津涛选择投资乐笛胎教。

"互联网+党建"系蓝海

在互联网领域,范津涛和他的同学投资创办的北京云创共享科技有限公司(简称"云创共享"),致力于融合云计算、移动互联、大数据技术,推动政府机构效率提升及公共服务转型升级。

云创共享自成立以来,收获满满。在产品研发认证、项目落地实施等多个领域取得了丰硕的成果,成功助推云创大数据的业绩翻番。

随着近年来中央对党建工作的推进,尤其是2015年中央专门出台了对离退休干部的相关规定,这令范津涛捕捉到,"用互联网推进党建工作是个风口"。

事实的确如此。近年来,各级党政部门也逐步重视网上党建工作,一系列互联网党建新系统、新应用走上舞台。

云创共享迅速研发出了"云行党建系统",利用互联网加强党建工作并服务好离退休干部。该系统一经推出,迅速获得多家中央企业和党政机关的认可。云创共享借此逐步延展至多个条块。

在第2期天使百人会走进家人企业活动上,范津涛团队特别为天使百人会家人演示了本项目,各位大佬则推心置腹地提出了各自的看法。

譬如,如何增加产品的黏度,是否是一个很好的切入口,能否向老年金融发展,盈利模式能否更清晰等,所有这些均让范津涛团队获益匪浅。

让投资形成共振格局

就天使百人会家人企业而言,很多人都会在多个领域"出手",范津涛先生正是如此。他投资和创立的企业不下8家,包括国策环保、今日发现、云创共享等。

范津涛告诉天使百人会家人："我的投资风格有些另类。比如很多投资人投资某一企业，会向产业链进军，布局上下游。但我的投资理念并非如此。从我的整体投资来看，企业之间并不存在明显的上下游关系，但这背后，实际上是一个良性投资共振格局。"

高明的投资，就像下棋，每一步或许意图不显，但一定另有用意，环环相扣。他进一步解释说：

"整体看，我既投资了传统医疗、环保等行业，又投资了新兴的互联网行业，正是实现了传统行业与新兴行业的相辅相生，比如互联网可以为医疗、环保创造新机遇，而传统行业又为互联网提供动力，从而实现投资共振。"

但要真正实现良性共振，在范津涛看来，要走的路还很多。

"每一个领域都不懈追求，在各战线都能创造高峰。各个板块的峰值越高，所创造的叠加共振效应也越强。"

范津涛说："即便资本寒冬，我也要踏'雪'寻'梅'，找到那棵未来会灿然绽放的梅花！"

富彦斌说

天使百人会教育投资委委员

898投资控股董事长

北京大学学士、硕士和博士

北京大学EMBA

1991年创办正源房地产有限公司，现已发展为正源集团，主要业务领域包括：大健康、房地产、金融投资、美业、创新空间。

我当年创业时，中国还没有制定《公司法》

"稻盛和夫说：'简单是做人做事的最佳原则。'我这个人很简单，大学只读了一个学校，企业只做了一个企业，爱好只有一个爱好。"

2018年10月20日，天使百人会一行近20人在理事长乔迁先生的带领下走进了认证会员富彦斌先生的正源集团时，他如是说。

一个学校·一个企业·一个爱好

"三个一"，乍听之下，确实简单。细听之下，却是不凡。

"一个学校"指北京大学。富彦斌本科就读于北京大学，研究生就读于北京大学，博士也就读于北京大学，著名的"三北"呀！不仅如此，他又在北大光华管理学院读了EMBA，相当于在北京大学获得了双硕士。

"一个企业"指正源集团。自1991年从房地产业起步，经过近30年的努力，逐渐发展成为一个多元化服务企业集团。

"一个爱好"指走路。一个人走路，既锻炼身体，又思考问题。富彦斌最长纪录是一天内走了10小时，行程50公里。

当年创立公司时，中国尚未有《公司法》

正源集团发端于1991年在大连创立的正源房地产有限公司。在全国数个城市开发房地产项目，在北京、南京、长沙都有名为"尚峰尚水"的项目，想必是取"上风上水"之意吧。

正源集团经历了中华人民共和国成立以来所有企业制度和组织形式的变

迁，1991年创业时希望能够注册成为"有限责任公司"。其时，我国尚未颁布《公司法》，人们大多不知"有限责任公司"为何物。

2006年，正源地产获得摩根士丹利1.2亿美元的注资，2007年又获得了高盛领投的6.9亿美元。

伴随双创脚步，正源集团在北京创办898创新空间，占地面积240亩。

入驻企业不乏优秀的创新者，最大的客户是瓜子网和毛豆网的母公司"车好多"。未来，正源集团将向房地产投资与服务、大健康、教育、创新空间、金融投资、美业六大方向发展。

在第17期天使百人会走进家人企业活动中，继下午正源集团水榭会议室企业交流后，晚宴期间，富彦斌无私地分享了他个人的心路历程。

厉以宁老师对我影响最大

"事业方面，对我影响最大的就是厉以宁老师。在北京大学读本科时，厉老师的经济学讲座改变了我。我本科学的是自然地理，原想考本系研究生，我们系的一位老师也希望我考他的专业。

"就因为听了厉老师极富感染力的讲座，让我燃起对经济学和企业经营管理的兴趣，于是转而报考了北京大学经济学院国民经济管理系研究生，从此，踏上了一条与众不同的人生道路。"

对于影响人生的重要因素，富彦斌如是说。

林菁说

天使百人会 TMT 专家委委员

天使百人会桥牌俱乐部副部长

北京佳讯飞鸿电气股份有限公司董事长

北京市政协委员

海淀区工商联副主席

创业板俱乐部轮值主席

中关村上市协会常务副会长

中关村高新技术企业协会副会长

中关村科技企业家协会常务副会长

北京市青年企业家协会副会长

北京市七八九届青联委员

荣获北京市青年企业家金奖，北京市劳模，北京市有突出贡献的科学、技术、管理人才，北京市优秀中国特色社会主义建设者等。拥有长达 20 多年创办并管理 IT 企业的丰富经验，未来将致力于企业的投资与并购。

深夜 12 点跑 10 公里的企业家

深夜 12 点,在办公小区内,或许会有一个奔跑的身影,那就是董事长林菁先生。

2016 年 10 月 11 日,当天使百人会一行 21 人走进北京佳讯飞鸿电气股份有限公司(股票代码:300213)(简称"佳讯飞鸿")时,我们意外得知掌门人林菁先生每天坚持跑 10 公里。

如果白天事务太忙,哪怕晚上 12 点,他也会在小区内跑上 10 公里。

不仅林菁先生本人在奔跑,佳讯飞鸿也在奔跑。

佳讯飞鸿于 1995 年成立,2011 年走上创业板,现已成为行业翘楚。

作为一家民营企业,佳讯飞鸿何以能占据行业主战场呢?在各大行业内生存发展的企业有着怎样的过往?

在第 4 期天使百人会走进家人企业活动中,林菁先生坦诚披露了自己的成长故事、创业故事和企业故事。

让我们一起走进他的世界,走进佳讯飞鸿的空间。

国家重大项目中曾用过佳讯飞鸿的产品

近年来作为国内领先的智慧指挥调度服务提供商,佳讯飞鸿几乎参与了国人记忆中近 30 年国家所有的盛事。

从北京奥运会、上海世博会到"嫦娥一号"发射、"神 N"飞天;从世界海拔最高的青藏铁路到中国第一条调度数字化电气化铁路哈大线……辉煌业绩不胜枚举。

经过 20 多年的发展，佳讯飞鸿已经包揽了很多"最"字的名头。

如全球第一家 4G 通信重载铁路解决方案提供商，中国最大的铁路领域调度数字化服务提供商，中国最大的国防领域数字智能话务台列装设备提供商。

"阿信的故事"成为路标

在第 4 期天使百人会走进家人企业的晚宴上，林菁平静地回忆了自己那曾经灰暗无比的童年。

由于被定为"黑五类"出身，幼时的林菁没有同伴，常常被欺负。

他的玩伴只有小动物——小狗、小猫，甚至小蚂蚁。或许这让他养成了一颗悲悯之心。

幼时的悲惨生活导致他后来的发愤图强。

踏入校门，他一把撕去了"坏孩子"标签，成为一名名副其实的好学生。不仅成绩优异，还一路担任班干部，直至进入北京航空航天大学学习。

大学期间，他利用业余时间和同学做点小生意，经济条件比一般同学要好很多。

当大学男生只能请女生到学校食堂参加舞会时，他已经可以请女生去听音乐会了。或许这段经历让他享受到生意人的惬意。

毕业后，他被分配到了国有单位。平静的日子并未消磨他的意志。

如果说曾经在北京航空航天图书馆《世界之窗》杂志上看到一篇文章《阿信的故事》，在他心里埋下了一颗种子，那么，毕业后到用友公司的一次拜访，则让这颗种子发芽开花了。

用友创始人王文京的经历仿佛就是他的翻版，表率在前，他决然抛弃"金饭碗"下海了。

姑娘们嗓门为何那么大？

在第 4 期天使百人会走进家人企业上，林菁坦言，自己曾涉足过很多行当，最后误打误撞地进入了指挥调度行业。

当时，他们给铁道部北京局供货。

偶然间发现那些女孩都很漂亮，但奇怪的是，个个嗓门都特大，与美好的外表形成特别大的反差。

狐疑间，他被带到了办公区，看到了一幅令人难忘的场景。

在铁路人工话务台上，姑娘们一边把不同的线绳插到不同的插孔，一边用打字机打字，一边用电话呼接，现场环境十分嘈杂，自然要大声呼叫。

林菁一看，姑娘们不用这么喊啊，一个小小的计算机编程就能解决问题。

于是，他带领几个小伙伴开始编程，他们将通信与计算机结合，做成了第一台数字化铁路服务台。

所有的应用都被集成到一台计算机终端上，姑娘们只要轻点鼠标即可。

此举不仅解放了姑娘们，林菁也赚到了人生第一桶金。更重要的是，创业之路从此起航。

连续四个雪夜的蹲守

在中国各铁道分局中,郑州局最大,沈阳局第二。郑州局已经拿下,林菁启程赶往沈阳,开辟沈阳市场。但在沈阳,他差点打了退堂鼓。

为了拿到那笔订单,他需要搞定沈阳局那位主管处长。

于是,他趁机混进了该单位班车,尾随确定了那位处长的家庭住址。

由于天气寒冷,他猫在楼道内。只要有人出来,他赶紧溜出来到楼前逛游,免得被当成坏人。

当时万家灯火,他觉得点点灯火都有家的温暖,但他却孤孤单单一个人,倍感凄凉。

他连续守了三个雪夜,都没敢敲门进去。

第四天晚上,他下定决心,一口气等了 4 小时,终于等来了处长。

当他和对方握手时,那位处长诧异地说:"你手怎么这么凉?赶快到屋里暖和暖和。"他跟随处长进屋,对方被其诚意打动,便答应了。

林菁曾经在脑海里设想了无数种被拒的可能,但没想到这么顺利就办成了。

经历两次车祸后的万幸

当晚回到旅馆,林菁内心的喜悦几乎难以言表,但突然后方传来"噩耗",说郑州局要毁约。

他赶紧从沈阳飞回北京,又租了一辆没有鼻子的老式北京吉普121,带上设备直奔郑州。

没想到，他们先后遭遇两场车祸，先是车尾被后面一辆车追了尾。

就在等待交警处理的两三个小时中，前面却射来了一束光，"咣当"一下，121又被一辆大货铲了前脸。

可怜的121前后都遭了殃，车上几十万元的货还保得住吗？那可是他们当时的全部家当。

好说歹说，从处理事故交警处，他们租借了一辆车继续赶往郑州送货。

到郑州后，分管处长被林菁感动，让他们把设备插上试试。

由于出了车祸，设备到底有没有问题，灯能不能亮，林菁心里也没底。

通电、亮灯。第一盏灯亮了，第二盏灯亮了……最后一盏灯也亮了。林菁心中一块大石头才落了地。

"谢天谢地，经历了两场车祸，车中的设备居然完好无损。"

——这就是60后那拼了命的创业经历。

"7·23列车碰撞事故"的终结者

佳讯飞鸿是干什么的？

林菁用"五个任何"来描述："任何时间、任何地点以任何方式，把任何信息传递给任何需要的人。"

他们最早起步于指挥调度系统，现在仅加了两个字，即"智慧"指挥调度系统。

但此二字岂止重千斤，它囊括了几乎所有最新出现的高科技。这也是佳讯飞鸿人自豪之所在。

企业家篇

人工智能、大数据、移动互联网、云端技术等，只要有新技术，佳讯飞鸿就会嫁接融合。

他们已经布局了智慧指挥调度系统的全产业链，从采集信息到输入建模，再传输至指挥中心，再到输出。这被称为"大TMT"行业。

林菁给大家举例做了说明。

2011年"7·23甬温线特别重大铁路交通事故"发生后，佳讯飞鸿承接了基于北斗系统的列车安全国家级课题。

在"7·23"前，动车上共有4套防撞系统，但信息采集点全在地面。一个点出问题后，所有的系统全部失效。

现在，佳讯飞鸿利用北斗系统，将前端信息的感知采集，从平面二维变成了立体三维，从地面到空间，全方位、多层次、多通道地采集信息并发出预警，杜绝此类事故的再次发生。

甩掉GE参与青藏铁路建设

哪个项目让林菁最难忘？青藏铁路。

因为参与青藏铁路建设，不仅面临着世界级的技术难关，更面临着生死考验。

"有昆仑山脉在，铁路就永远到不了拉萨。"曾有一位美国现代火车旅行家如此预言。但中国铁路人，包括佳讯飞鸿人用事实回击了他。

青藏铁路作为世界海拔最高、线路最长的高原铁路，面临着多年冻土、高寒缺氧、生态脆弱"三大难题"的严峻挑战。

林菁回忆道，铁道部时任领导认为，从国家战略来说，青藏线建设意义重大。不仅毅然开工，还"胆大包天"地提出要提前一年竣工。

当年，世界 500 强企业 GE 作为该工程总承包商，负责提供所有的产品，而佳讯飞鸿仅仅作为备胎参与。

但 GE 提出，产品还在实验室阶段，如果要提前一年竣工，他们无法承担这种风险。结果，佳讯飞鸿由备胎变成了上场运动员。

因为"我们了解客户需求，与客户零距离"。时至今日，林菁回忆至此，有骄傲、有感动、有庆幸，更有感恩。

因为正是这种特难啃的硬骨头锤炼了佳讯飞鸿过硬的队伍。

创新不仅仅在车库

佳讯飞鸿似乎风光无限，但身为掌门人的林菁危机感很强。

"政府及国有企业很稳定，不会像互联网公司九死一生，也不会大起大落。由于客户安全要求高，但创新要求低，这可能导致佳讯飞鸿的创新动力不足。"

怎么办？本着内生与外延式增长的理念，林菁祭出了三把利剑："第一，自身创新突破；第二，内部裂变；第三，投资、收购和兼并。"

20多年来，佳讯飞鸿每年业绩保持百分之二三十的增长，主要是"我们每年坚持拿出销售收入 10% 以上投入到研发"。

"目前已获得 200 多项发明专利，技术储备处于全球领先水平。"

林菁坦言微信的异军突起让他深受启发。

"我们鼓励内部创新，因为创新不一定都在车库，在车库的成功率很低。"

"这些从组织内部创新裂变出来，有资源、有技术、有对行业的了解，成功率会更高。"

这就是林菁的"大公司做小，小公司做大"理论。

"这几年，我很大的工作就是投资和并购，有效整合资源。"

"我们投资了数十家企业，如 TLE、铁路无线、无人机、机器人等，完成智慧指挥调度的全产业链布局。"

"作为天使百人会的一员，我希望与本会种子基金、本会各位家人企业或家人投资的企业建立广泛的合作，共同为智慧指挥调度产业的发展做贡献。"

齐建新说

天使百人会医疗大健康投资委委员

北京中建装饰装潢设计有限公司董事长

北京中建宝源工程顾问有限公司董事长

从国企负责人到下海创办企业，从企业家到投资人，从被动投资到主动投资，从餐饮连锁、4S店、加油站到健身中心、税控机等，始终秉承家训——"不该挣的钱不挣，不该拿的钱不拿"。因此，走出了一条人生的康庄大道。

一个从老革命家庭走出来的天使投资人

从政府机关到国有企业，再到自己创办企业，我在社会的大染缸被反复浸泡，但我始终牢记家训，"不该挣的钱不挣，不该拿的钱不拿"。

或许，我做的事比父母多，我见的人比父母多，我走的路比父母远，但那根自律的线始终牵在父母的手中，挂在子女的心头，因此，我不仅生活富足，更拥有内心的平和与宁静。

这是我的原生家庭留给我最宝贵的财富！

老革命妈妈抽了一辈子烟

我出身于一个革命干部家庭，父母早在20世纪30年代就参加了革命。虽然冒着枪林弹雨走到新中国，但他们为人都非常的善良朴实。

除我妈以外，我们家没人抽烟，我妈抽了一辈子烟。长大后，我问她为什么。她回顾了一段革命经历。抗日战争期间，因为白天开会危险，经常都在半夜开会，人特别乏，晚上实在熬不过去，就靠抽烟喝酒来提神。听闻此事，我心中的敬意油然而生。于是，不管出国到哪，我都会带一点国外的好烟回来给妈妈。

其实，她不仅自己抽，也分给邻里抽，我知道，她抽的不仅是儿子的孝顺，更有儿子的骄傲。能够满足妈妈小小的虚荣心，也是我为人子的一种福分。

1982年，大学毕业生非常抢手，根本不愁分配

1978年，恢复高考后的首次高考，我考上了北京经济学院（首都经贸大学前身）。1982年大学毕业，当时各机关单位都抢着要人，我被分到北京市水

利局待了8年，主管综合经营投资。其间，我兼任团委书记6年，仕途似乎就此展开，但我的个性一点都不安分，在机关待不住。

在北京市水利局工作的最后两年，我挂职到一家中外合资建筑装修企业当副总。这为自己后来创业打下了一定基础。

下海创业，人生最幸福的时光

由于性格使然，我离开北京市水利局后就到中建一局工作了10多年，赶上中国建筑装饰行业飞速发展的好时光。那时我年薪已有十六七万元，但老觉得还是不能体现自身价值。

于是，我决定下海创业，但当时没有民营企业这个说法，公司只能挂靠在中建一局下面，戴了一顶国企帽子。

随着改革开放的深入，国家政策也做了调整，允许摘帽了。我因此有了一家属于自己的企业——北京中建装饰装潢设计有限公司，从此我可以自由自在地按照自己的想法做自己想做的事了，这应该是最幸福的事情。

被动投资，第一笔投资——百粥乡餐饮连锁

北京城第一家24小时营业的粥店

我的投资其实挺有意思的，有些是被动投资，有些是主动投资。我最早的一笔投资是1993年投资北京百粥乡餐饮连锁公司，那时候才刚有宏状元。

当时我替朋友垫资装修了一家餐厅，完工后，他的资金链出现问题，无钱支付，让我把餐厅接过去。我只好被迫接受，这成为我第一笔投资。

1993年，改革开放以来，餐饮业开始快速发展，我搞了一个小小的市场调研，问同学们现在想吃什么？大家都说想喝粥。

于是，我从广东那边请了两个做早茶的师傅，创办了"百粥乡"。我们是第一家 24 小时营业的粥店，每天晚上收银流水居然和白天差不多，非常火爆，在北京最多时发展到 12 家连锁店。

主动投资，与创业者发生"小冲突"

投资人与创业者成了一生的朋友

我投资奥迈体育，创始人原是一个健身中心的经理，很有抱负，特别想干点事。但老板就是一点股权也不给，他花钱买也不给。他只好出来单干，我投资了大头，他自己投了小头。

但在股权分配确认时，我们两发生了一点"小冲突"。他说我是大股东，董事长和法人代表都应该是我。

但我考虑到，他负责公司运营，如果不是法人代表，占股少也没法跟朋友们介绍。

我决定让他当法人代表，股权占到 51%，我股权多少都行。但在分红时，按照实投分配。

大概一年半不到，投资款就全部收回。我们又重新商量了股权比例，他当了真正的法人代表，股权实际占到 51%。其间，又变更了一次股权。我分别奖励他和团队大约 5 个百分点。我们合作 10 年，9 年分红。

这种投资，其实是鼓励年轻人做事，利益上的不计较，不仅让我收获投资收益，还获得了一位很好的朋友。像奥迈创始人，我们应该是一辈子的交情了，有时候两家人会一起出国旅游。

做投资：1 毛钱理论

当天使百人会常务副理事长王童面访我时，我分享了自己的想法："我们给创业者投资，实际上也是一种合作。"

比如我跟王童合作，我们俩共挣了1毛钱。如果我们都从自己的利益出发，我想自己特别辛苦，应该分7分钱。他也觉得自己很辛苦，也想分7分钱。

其实市场是公平的，到最终我们俩一人只能分5分钱。但心态变了，他觉得自己少挣了2分钱，别人多拿走了2分钱。

可如果倒过来，我们都从对方来考虑呢？我说："王童总，您特别辛苦，您应该拿7分，我拿3分就够了。"如果王童也说："齐哥特别辛苦，您挣7分，我拿3分就可以了。"

其实大家让来让去，还是每人分了5分钱，但是心态就不一样了，我们都会觉得，多挣了2分钱，会感谢对方。所以，我一贯秉持这种心态跟大家合作，包括做投资。

这么多年，我投资了七八个行业，20多家公司。从餐饮连锁、4S店、加油站到健身中心、税控机等。有些项目已经完全退出。

我非常幸运，40多年改革开放，我是亲历者，也是参与者，更是受益者。我非常尊重规则，遵守秩序，不管在政府机关、国有企业，还是自己创业或者做投资，拒绝灰色收入，不做越格的事，这是我对自己的要求。

与天使百人会各位家人的高科技天使投资不一样的是，我的各种投资更接近柴米油盐，更有烟火气，希望咱北京人的生活更美好。

齐中祥说

天使百人会认证会员

沃民高新科技（北京）股份有限公司创始人兼董事长

工信部电子科技情报研究所网络舆情研究中心首席研究员

香港科技大学商学院 EMBA

北京师范大学管理哲学博士

沃民高新科技（北京）股份有限公司成立于 2007 年，公司有近百项专利、商标、软件等的知识产权。依托自主研发的全球领先的情绪分析技术和海量互联网信息情报分析能力，积极拓展在金融和情报分析领域的应用，致力成为中国的帕兰提尔公司（Palantir）。

让人心不再难测

从 2016 年的美国总统选举，到 2017 年的韩国总统选举，到底谁能当选？

大选的结果经常出乎人们的预料，国际上一些知名的专业预测公司经常被"打脸"，因为人心难测。

但有一家中国公司宣称，"我们对全世界的大选预测从未失败过"。

这就是天使百人会认证会员齐中祥创办的大数据公司——沃民高新科技（北京）股份有限公司（简称"沃民"）。

2017 年 8 月 22 日，天使百人会第 10 期走进家人企业活动，本会一行 20 人走进沃民。

谈到中印关系，齐中祥说了三个判断："第一，印度绝对不会打响第一枪；第二，会以外交和平方式解决；第三，9 月厦门金砖五国会议，印度会如期而至。"

6 天后，8 月 28 日，印度撤军。

12 天后，9 月 3 日，印度总理莫迪雨中抵达厦门。

"为最重要的机构解决最重要的问题"

沃民是一家什么样的公司？齐中祥何以能料事如神？

翻开其宣传手册，三个"全球"赫然在目，"全球视野、全球市场、全球对标"。

沃民是一家定位于总部在中国的全球性公司。沃民有多款智能情报产品，如面向社会的"沃德社会气象台"，面向股民的"沃德股市气象站"，还有面向私募基金的"智能炒股机器人"（简称"小沃"）等。

沃民核心技术对标的是美国国防部的人类行为计算机建模（Computational Models of Human Behavior，CMHB）。

其核心产品与应用对标了四个对象，即帕兰提尔公司、文艺复兴科技公司（Renaissance）等。其任何一个对象都赫赫有名。

沃民何来底气敢对标美国最牛的机构？其自信来源于它的高科技团队，其成员10%以上为博士、30%以上为硕士。

这个年轻的团队曾经斩获"2014年阿里全球大数据竞赛第一名""2015年国际情绪分类比赛六项赛事中有三项第一名"。

沃民成立之初就对标美国帕兰提尔公司。

帕兰提尔是美国最神秘的情报公司。据说美国人干掉本拉登，靠的就是该公司的情报。创立之初，美国中央情报局（CIA）是其唯一客户。

沃民的服务对象也是党政军最重要的部门及知名企业。"为最重要的机构解决最重要的问题"，这是帕兰提尔公司的定位，也是沃民的定位。

监管层踩刹车，机构踩油门

齐中祥提出了沃民发展的"ABC"战略，"A"即Algorithm（算法），"B"即Big Data（大数据），"C"即Cloud（云存储）。

沃民核心竞争力在于拥有多个全球首创算法。齐中祥介绍了其中一种，即资本市场的"五力"和"五指"模型。

沃民认为，股市价格波动由五类人决定，并对应五种指数。

天使百人会成长印记：中国天使投资人百炼成钢

第一类，政府监管机构。监管层是守门人，负责踩刹车，对应"看空"指数。

第二类，机构投资者。机构投资者负责踩油门，发力股票上涨，对应"做多"指数。

第三类，散户。由于缺乏专业知识和信息，散户通常是"割韭菜"的对象，基本负责锁仓，对应"套牢"指数。

第四类，传媒和意见领袖。他们的意见会让市场产生观望，对应"观望"指数。

第五类，上市公司的实际控制人，对应"变盘"指数。

每只股票的筹码大部分都在上市公司实际控制人手中。他们平时不发声，但有两种情况会发声：当股票的价值被严重高估时，他会减持；当股票的价值被严重低估时，他会增持。这就是沃德股市气象站预报的理论依据之一。

比巴菲特更牛的是数学家西蒙斯

巴菲特已经很牛了，但有人比巴菲特更牛，他就是文艺复兴科技公司创始人、数学家詹姆斯·西蒙斯。

巴菲特基金年均回报率持续高达25%，为世人所景仰。

但文艺复兴科技公司旗下的一只基金——大奖章基金，在扣除高达5%的管理费和44%的业绩分成后，20多年来，年均回报率持续高达34%。

"这也是沃民的未来！"——齐中祥毫不掩饰自己的憧憬。

"小沃"是股市的"阿尔法狗"

比巴菲特更牛的是西蒙斯，比西蒙斯更牛的是沃德智能炒股机器人（简称"小沃"）。

沃民为小沃制定了三步走战略：第一是保本，立于不败；第二是绝对收益，跑赢大盘指数和同期银行贷款利率；第三是超越市场，超越绝大多数私募和公募的产品收益。

小沃已开始实盘模拟操作。"2017年8月3日，当研究员敲下回车键并出来结果后，我们所有人都傻眼啦！""从2014—2017年的回测结果看，小沃已然提前实现了第三步战略要求，超越市场，跑赢中国市面上99%的私募产品收益。"

结果如此令人难以置信！"随着科技的发展，很多常识都被颠覆。现在没有人怀疑机器人下棋比人厉害了，但回到三年前，估计90%的人都不会相信。"

齐中祥说："小沃的原理与阿尔法狗十分相似，都在于人工智能（AI），在于机器人拥有让人类望尘莫及的深度学习能力。"

"让人心不再难测是我的人生使命"

如果说人生而有使命，"让人心不再难测"似乎是齐中祥的使命所在。

当年，他初中毕业以数学满分的成绩，作为全县状元考上了中专。中专还没毕业，他就拿到了自学考试大专毕业证书。这在该校创造了纪录，也为后来的学弟学妹们树立了榜样。

1993年，他被分配到一家国有大企业工作，但那里显然不能安放他的雄心。

不久，某公司来此招人，齐中祥迎来了人生第一次转机，也碰到了一辈子都忘不了的那位面试官。

对方问道："人世间最难的事是什么？""是赢得别人的信任"，19岁的齐中祥答道，"因为人心难测。"

如今43岁的齐中祥感叹道："冥冥之中，或许这是一种定数。因为转了一圈又回到了那个起点。"

千古难题有望破解

工作多年后,齐中祥走进了北京师范大学博士班,开启了对人生和世界的新探索。

一次偶然的机缘,让这位哲学博士对舆情产生了兴趣。于是,他潜心研究数年。

2013年,他碰到了人生中最重要的合作伙伴——许可教授。许可教授是一位博导,973(国家重点基础研究发展计划)专家,他一直在研究互联网情绪算法。

面对人心难测的千古难题,两人一见如故,一拍即合。

随着许可教授的加盟,他的博士生也相继加入,现在,沃民已经有了近30位事业合伙人。

2015年,齐中祥主编的著作《舆情学》出版,这为沃民的发展奠定了坚实的理论基础。

读懂中国、读懂世界、读懂每一个人,是沃民的愿景,也是沃民的未来。

一个胸怀全球梦想的沃民,即将腾飞。

宋涛说

天使百人会TMT投资委委员

南京理工大学计算机专业学士

曾任华为国内市场部高级产品经理、南美北部地区客户群市场总监、东加勒比区域首席代表、公共关系部北京分部副部长。

曾任小米集团（股票代码：1810.HK）董事长特别助理、公共事务部总经理、国际战略部部长、产业投资部负责人。

现任北京金山办公软件股份有限公司（股票代码：688111）副总裁。

从华为到小米再转战金山办公

我已过不惑之年，职业生涯比较简单，就三段经历：

第一段，在华为工作 12 年，其中海外工作了 4 年；

第二段，跟随雷老板（雷军）参与小米科技有限责任公司（简称"小米"）早期创业 6 年；

第三段，转战雷军系金山办公（WPS），推动其登陆科创板 IPO。

华为、小米、金山软件都是中国民族企业中地标性的伟大企业，任正非和雷军是中国两代民营企业家的杰出代表，在中国改革开放的大潮中，我能在这三家企业先后工作，追随这两位著名企业家成长进步，确实非常幸运。

祖辈闯关东到哈尔滨

我祖籍山东，出生于哈尔滨。听奶奶说，爷爷 13 岁从山东闯关东来到哈尔滨。爷爷聪明正直、勤奋好学，打得一手好算盘，在当时哈尔滨最大的食品企业"老鼎丰"工作，从学徒到工人，后来升任总账房先生。或许我职场的闯劲缘于这种家族血脉的传承。

为了照顾兄弟姐妹们，学习成绩优秀的父亲无奈初中二年级时就辍学回家，担负起家庭重任，到工厂当工人，后来从车间主任升职为副厂长。

跟随父亲升职的脚步，我们总是不停地搬家，差不多住遍了哈尔滨市的每个区。当然，每搬一次家，条件都会改善一点点。

从小到大，我基本没有属于自己固定的床，从最早的炕到吊铺到睡拉桌，再到睡沙发和折叠床，直到高三快毕业时，我终于拥有属于自己的床和房间，然而我又考上大学离开了家。

哈尔滨的冬天大概从每年10月持续到第二年4月，长达半年。那时大家都住平房，家家都有一口菜窖，用来储藏过冬蔬菜。

我们家五口人，要储存1000斤土豆、1000斤白菜和500斤萝卜。在深秋时，就要开始储备蔬菜。我是家里唯一的男孩，这种体力活一般都是我干。现在回想起来，让我感到既遥远又亲切。

一路学生干部，放弃公务员走进深圳华为

记得在上小学时，班主任老师问："谁的声音洪亮，愿意出来帮老师指挥一下班级队形（其实是选班长）？"我立马举手，大喊一声，"我愿意"。老师很满意，"那行，就是你了。"从此以后，我就一直当学生干部。

初中毕业，我考上了当时黑龙江最好的高中——哈尔滨市第三中学。在1995年报大学志愿时，我想到南方看看，就报考了南京理工大学，读了当时最热门的计算机专业。从386、486到586（奔腾），计算机开始进入奔腾年代，PC也开始走进千家万户。

由于我是学生会干部，从大学三年级开始，我就在学校毕业生就业指导办公室当学生助理。大三的我还经常给即将毕业的大四的师哥师姐们解答各种就业问题，现在想想也挺有意思的。

其间，我接触了各路来校招的公司，对华为印象尤其深刻。现任的华为轮值董事长徐直军也是我们南京理工大学的校友，他几乎每年都回母校做校招推广。

那时的华为校招，研究生多一些，本科生比例不是很高，大部分的人都去做研发，干市场销售的人很少。写代码确实不是我的强项，特别幸运的是，

最终我拿到了华为市场销售的录用通知书。

与此同时，我又参加了公务员考试，成绩相当出色，被海关录取。从政还是从商？在人生的十字路口，我做出了第一次重大选择——走进深圳华为。

12 年的华为人

1999 年，我刚到华为工作的时候，工号大概是在 1 万多名。当时全球通信巨头不仅有北电、朗讯、爱立信、阿尔卡特，还有西门子、摩托罗拉、3COM、思科等欧美厂家，中国还处在"巨大中华"（巨龙、大唐、中兴、华为）的"四小龙"时代。

1998 年的华为，即便是国内通信设备厂家的领头羊，销售额也只有 80 多亿元，在虎狼环伺的万亿级通信市场中显得微不足道。

没有人相信华为能"超英赶美"；更没有人能预计到，华为将成为一颗光耀世界的巨星，他的巨大光芒令曾经的各大世界通信巨头黯然失色，甚至退出历史的舞台。

华为不喜欢空降兵，愿意一手培养自己的子弟兵，所以每年都招募大量的应届毕业生去储备和培养。1999 年华为招收了 4000 名应届生；大约从 2000 年开始，每年校招人数都上万人。

到华为工作的年轻人无疑是幸运的，因为在这工作 1 年的收入抵得上其他普通公司 3～5 年的收入。

首先，华为内部管理机制设计得很好，是金子肯定会让你发光，更不会让"雷锋"吃亏，奖励分配做得特别及时到位，让优秀年轻人能脱颖而出，并快速成长。

其次，无论是华为还是其所处的通信行业都在高速发展，必然带着员工一起快速成长。

新员工入职培训，5% 的刚性淘汰率

华为有个新员工大队培训体系（新员工培训营），非常值得其他企业借鉴。我们应届生要先后接受两轮封闭培训，被称为"一营"和"二营"。

"一营"的第一周学习公司企业文化，随后学习和训练产品技能。每周都有一次考试，也就有一次淘汰。每次 5% 的刚性淘汰率。

只要你的考试成绩位于后面的 5%，就会被淘汰到下一期。如果你一直这样，就会一直蹲下去。好在华为一年之内不开除应届生，但设计的机制就像一根鞭子抽得你一直往前跑。

刚开始的时候，我们的压力都非常大。虽然我们毕业于名校，成绩都非常优秀。但到了职场，一切归零，大家比拼的不再是单一的学习成绩，而是个人的综合能力，包括智商、情商和逆商等。

其间，还有一段惨痛的记忆。有个男生，来自某名校数学系少年班，在学校时经常考第一，风光无限。但在接受培训时，他发现自己原来并不是最优秀的，心理落差特别大，居然在宿舍拧开煤气自杀了。

这件事对我们触动很大，也更激发了大家苦战过关的决心。我每天大概只睡三四个小时，最后终于顺利出营。

2000 年，新年的海拉尔气温在零下 40 摄氏度

第一轮培训结束后，新员工会被下派到各地办事处实习。我被幸运地派到哈尔滨，要开通从哈尔滨—齐齐哈尔—海拉尔的一条"铁路+部队"的专网通信线路。最后一站是海拉尔的一个中国最北边的部队基地。

那是 2000 年春节前夕，我是哈尔滨人，照理应该很扛冻，哈尔滨冬季零下 30 摄氏度是常态，但到了海拉尔，我第一次体验到了零下 40 摄氏度的气温。

天使百人会成长印记：中国天使投资人百炼成钢

通信营营长亲自到门口接我。我在哈尔滨冬天从来不戴帽子，他看我没戴帽子，硬把他的军帽塞给我。我们一路溜达进去，也就四五分钟，大概换了十几次帽子，零下40摄氏度确实冷，耳朵真扛不住。

作为一名"新兵"，能不能调试成功？其实我心里也没底。如果调试不顺利，我和通信营就都不能好好地过年了。幸运的是，在大年除夕的前一天，我终于调试成功了，并提前一周交付项目。

官兵们第一次打通了电话，兴奋之情无以复加，大家一起摆上庆功酒，开怀畅饮，大醉而归。

我第一次深刻体会了"军民一家亲，血浓于水、酒更浓于水"的亲切情感。

2001年，被外派上海

后来，我接受了"二营"（市场销售能力）的大队培训，2001年有幸被派到上海华为办事处（简称"上海办"）工作了4年。

当时，上海是华为设备在国内市场中最后有待"攻克"的一线城市，我正好赶上，目标很明确，就是要把设备打进上海市场。

那时的上海市区其实非常难做，人们对通信设备还比较"崇洋媚外"，国产设备几乎都被拒之门外，整个上海通信网络全是各种不同型号的国外设备，号称"七国八制"。所以，上海的手机通话质量在全国一线城市中居于末位。

我采取了"农村包围城市"的策略，把上海7个郊县都跑遍了。我一个人既做产品解决方案，又做客户关系，还负责签单回款。整个上海办销售额差不多3亿元人民币，我一人就贡献了1亿多元。

2004年，被外派拉美片区

当时华为海外业务逐渐进入爆发的前夜。从2002年开始，华为积极组织向海外输送干部。既然要出去,早比晚好,所以我主动请缨开拓海外市场。

2004年年底,我到了拉美片区,第一站委内瑞拉。当时该国百废待兴,正好是通信网络大规模建设的黄金时期。此前,代表处销售额仅3万多美元,只卖了两三台小路由器。

我到了以后,经过艰苦努力,一举拿下了该国最大的电信运营商CANTV(委内瑞拉全国电话股份公司)。从此以后,华为设备销售额直线上升,2005年5000多万美元,2006年2.5亿美元,2008年5亿美元。

后来,我又去了加勒比区域,负责那里的十几个岛国的销售,当了2年"岛主"。这是个完全空白的市场,也是华为要开拓的最后一块处女地。

那里原本是北电网络(Nortel Networks)的后花园,当时有个岛国叫特立尼达和多巴哥共和国,虽然人口不到200万,但是每年光北电网络一家就可以卖1亿多美元的设备。

经过半年多不懈努力,我们从思科、北电网络和爱立信手中抢下了第一个数据通信大单,创下了那个产品在华为全球最高的商务价格,这个纪录估计后面也很难被打破。

华为每年要向海外输出2万多人,真正是一家国际化的中国企业。客观地说,华为每年培养了大量的国际化人才,称得上为中国企业培养国际化人才的"黄埔军校"。在很多中国企业的国际化市场拓展中,常常看到一个个曾经的华为人身影。

2011年,初遇雷军,开启"小米人"的新篇章

我在华为海外业务工作了4年,正处于个人在华为晋升最快的时候,但由于家庭原因,2008年年底,我申请回国,来到华为公共关系部,在北京对接政府关系工作。

2011年，机缘巧合，见到2010年刚刚创办小米科技有限责任公司（简称"小米"）的雷军。那时，他早已是成功人士，但对创业还是充满激情。在错失PC互联网诸多机会后，这一次，他清楚地预判到，一个崭新时代——移动互联网时代的到来。

我和雷军聊了两次，每次都2～3小时，他把整个移动互联网的产业发展和小米整个战略方向都描绘得非常具象，那种发自内心的真诚邀约以及透视未来的战略眼光无疑具有超强的感召力。

我又一次站在了人生的十字路口，虽然小米基本薪酬现金部分只有我在华为的1/6左右，但我并没有太犹豫。

我也想得很清楚，趁自己还年轻，拥抱新时代更重要；最重要的是，能和雷军这么近身学习，哪怕小米最后没做成，光学费也值了；而且我在华为的工作经历，应该能够帮上他。

加入小米后，我先是负责小米的政府关系，组建了战略合作部，又帮助打通了与三大运营商的通道。

中国两位手机巨头的首次历史性会面

2012年年初，小米开始被手机用户广泛认知，小米手机也成为话题性产品，通过互联网模式正颠覆着这个行业。对于小米的新"打法"，传统手机行业的人或许看不懂，或许是不屑，或许是看懂了，也学不会、做不来，甚至包括当时的华为。

那时的华为手机还非常不起眼，主要采用传统的运营商定制模式，品牌意识并不强。

看到小米爆发式增长，当时华为的手机业务还在摸索中。余承东被华为总裁任正非从欧洲调任华为终端公司CEO后，也开始尝试开微博，接触互联网。

企业家篇

但中关村某数字公司 Z 老板当时看清楚了雷军的布局，游说余承东，希望和华为成立合资品牌，共同开发互联网手机市场。同时，这样可以达到对抗小米的目的。

Z 老板在微博上连续一个月黑小米、黑雷军，甚至提出到朝阳公园约架。那时余承东与 Z 老板的关系还处于"蜜月期"，偶尔也学着 Z 老板蹭蹭小米的热点，时不时和雷军在网上打打嘴仗。

有一天，雷军问我："余承东是华为什么人物？哪天把他叫我办公室聊一聊，都是中国厂家，别互相打。" 2012 年 3 月，我牵线安排了两位手机大佬的第一次会面。这段历史，外界知道得很少，我算是解密吧，毕竟已经过去快 10 年了。

未来很长一段时间，他们都爱恨相杀。很巧的是，他们还是同龄人，同为 69 年出生。这次中国手机界两位巨头历史性地会面，可以说直接影响了未来世界手机制造的竞争格局。

小米是怎么思考的？小米是怎么做的？互联网模式到底是什么？对传统产业的先进性体现在哪里？雷军太实在了，他在很多场合都公开宣传、介绍小米模式，而且毫无保留，即便对余承东也是如此。

余承东原本并不相信小米很多做法会是真的，但这次会面后，余承东明白了，也相信了。从此，小米手机多了一个贴身肉搏、极其可怕的竞争对手。

从那时起，华为内部开始疯狂学习小米，像素级扫描、像素级学习、像素级复制小米，华为开始逐渐放弃传统的运营商定制机的老路，全面投入自主品牌和渠道的建设。同时，放弃每年上百款定制机的需求，全力做好几款重要的明星产品。

小米有米粉，华为马上组建花粉俱乐部；

小米做小米电商，华为也做华为商城。

天使百人会成长印记：中国天使投资人百炼成钢

2013年，华为正式启用了荣耀品牌，专门和小米品牌近身缠斗。后来，小米也推出了红米系列，反过来和荣耀品牌手机竞争。

当时，华为内部论坛每天有3000多个帖子在讨论小米。最可怕的是华为迅速调集了3000名研发人员直扑消费者企业集团（Business Group，BG），而当年的小米整个公司还不到3000人。

但小米确实很厉害，很实在的雷军同样很有实力。在彪悍的华为手机步步紧逼下，初生牛犊的小米迅速成长。2019年，成立仅8年，少年的小米就荣登"世界500强"的金色殿堂，成为中国继京东、阿里巴巴、腾讯之后第4家"世界500强"的互联网企业。

这几年，经过不断地调整探索，小米的发展表现得越来越稳定，业绩又屡创新高，再次回归全球手机品牌前3名。于是，小米与华为，成为中国手机企业双雄在全球舞台上熠熠生辉。

2015年，临危受命，稳固小米海外市场

2014年，小米手机在国内市场销量第一。

2015年，小米在国内发展也如日中天，但国外市场却出现了危机。

原来早在2013年10月，小米花巨资聘请了某外国跨国公司的高管，虽然这位高管擅长做市场营销（Marketing）和产品，但并不是一位会管理、运营的企业家（Businessman）。

作为一家中国企业如果拓展国外市场？跨国团队该怎么搭建？区域和总部的跨国沟通怎么解决？怎么突破空白市场？小米模式如何在当地落地？等等。这位外来的"和尚"也念不好经，因为他没有任何国际商业拓展经验。一年多下来，不仅败绩累累，还给小米挖了好大的"深坑"。

2015年5月底，雷军紧急安排我去处理，我临危受命，组建小米国际战

略部，重新搭建小米的国外销售团队。

接下来一年多，我跑了全球二三十个国家，借助我在华为过去的国外拓展经验，不仅把那位洋老兄的坑填上，也初步构建了小米的全球销售渠道，新的销售团队也在快速成长，为后续小米在国外大力发展打下了坚实的基础。2020年，小米手机销量国际市场的占比已超过55%。

2020年也是小米创立的第10周年，新书《一往无前》应运而生，雷军亲述小米这10年的热血发展历程，其中也记录了我当年帮助小米拓展国外市场的小小片段。

2016年，转向投资，搭建小米产业投资的最早架构

雷军不仅是一位成功的企业家，还是一位成功的天使投资大佬。通过和他近距离接触，我了解了天使投资和资本市场，也耳濡目染他的投资理念和投资方法。

2016年下半年从国外归来后，我向雷军申请获得批准，有幸转岗投资，搭建了小米产业投资的最早架构。虽然时间很短，但个人投资能力还是获得了较大的提升。

过去业余学投资，这次算是半只脚踏进了投资圈，当年参与投资的一些项目在陆续走上资本市场。虽然时过境迁，但我还是小有感慨。这正是投资的魅力，做时间的朋友，延迟满足。眼看花落花开，或许过程更重要。

2017年，助力"金山办公"冲刺科创板

2017年年初，因为金山办公启动上市，金山办公董事长葛柯找到我，希望我能协助他，全力冲刺资本市场，完成A股IPO。我欣然答应。

我刚从业务转投资不到半年，现在要从一级市场转二级市场，又是一次全新的挑战，但人生不就是一次次不断接受挑战、不断接受磨炼吗？

早在 2001 年，金山软件就曾尝试在 A 股上市，但历经周折，2007 年不得不转登香港上市。但分拆出来的金山办公也已长成翩翩青年，走向 IPO 是否能一路顺畅？

与母公司金山软件（股票代码：03888.HK）不同的是，金山办公运气要好得多，国内资本市场大幅改革，对创新型高科技企业更加友好。注册制出台后，科创板几乎为高科技企业量身定制。历经 3 年，2019 年 11 月 18 日，金山办公终于成功登陆 A 股科创板。

金山办公（股票代码：688111）市值超过 1500 亿元，不仅是科创板的龙头企业，而且还是国内 A 股市值最大的软件企业。在那亮闪闪的金光中，有我的心血和付出。我更为自己有幸见证中国民族软件企业的快速腾飞而骄傲和自豪！

金山办公将围绕文档办公，在云、AI、内容和协作等领域做一些垂直生态方面的投资，欢迎天使百人会家人和我们一起投资，一起合作，一起收获。

苏继挺说

天使百人会理事

天使百人会 TMT 投资委委员

大金牛基金创始合伙人

黑豹资本（Black Panther Capital）创始合伙人

马可波罗网（Makepolo.com）联合创始人、投资人、董事

中欧国际工商学院 EMBA

马可波罗网于 2011 年获得英特尔（Intel）技术基金 1000 万美元投资，2014 年获得腾讯系华南城超过 2800 万美元投资，在艾瑞咨询 2016 年中国互联网独角兽排行榜位列 177 名，估值 3.6 亿美元。

对于互联网、数字新媒体有着较为深刻的理解，拥有丰富的战略规划经验和广泛深度的人脉关系。2017 年，联合友人创办了专门投资具有独角兽潜质的企业的大金牛基金。

为什么我的英文名叫 Morgan

老板没有独立的办公室；

老板坐在塑料球上给来宾介绍公司；

员工可以躺在沙发上开会；

……

这就是 2016 年 9 月 20 日，在第 3 期天使百人会走进家人企业活动中，我们看到的另类的马可波罗网。

马可波罗网的互联网公司风格

2016 年 9 月 20 日，天使百人会一行 15 人走进了苏继挺的公司——马可波罗网。

原以为接待大家的一定是一个富丽堂皇的大办公室，每个人都在桌前落座，结果并非如此。我们被引进了一个略显狭小的会议室，地上铺了彩色地毯，一排椅子围成一圈，角落边摆了两个大塑料球。

苏继挺用带着闽南口音的普通话介绍马可波罗网时，大部分时间都像个孩子般自如地坐在那个大塑料球上，偶尔才会站起来说几句。

苏老板的办公室在哪儿呢？

传统企业中，老板办公室面积大小一般与企业规模成正比，但在马可波罗网，苏继挺居然没有自己的独立办公室，而是和员工在同一个大办公室中，只在最角落边摆了一张比较独特的木头办公桌而已。

企业家篇

在一个小会议室里，我们看到了几个色彩鲜艳的布艺圆凳，还看到了两个可以平躺着的软沙发。难道还可以躺着开会？确实如此。

当晚6:30，当我们走进马可波罗网参观时，发现了偌大的办公室内，一排排满是年轻的员工，他们都坐在电脑前工作，仿佛打了鸡血。据了解，马可波罗网员工每天晚上八九点钟下班是常态。

如果说我们看到的是马可波罗网的表象，那么业界披露的数据则是"内在的硬通货"。

根据易观国际的《2016年中国电子商务B2B市场年度综合报告》显示，截至2015年12月，马可波罗网拥有超过1600万个注册中小企业用户，SKU（可售卖商品数量）已达到8.76亿件，商品总量达9000品类目录。用户自发上传量为2000万个/月，已超过阿里巴巴和慧聪网。

在B2B行业，马可波罗网的企业数据库已经稳居中国前列。走到今天，苏继挺用了9年多。

一个16岁福建少年的梦想

这一切似乎都可以追溯到那个16岁的少年。

在第3期天使百人会走进家人企业活动上，苏继挺敞开心扉，分享了自己的人生故事。

"我的英文名叫Morgan，源于我16岁时看到的一本书《JP Morgan自传》。"

"摩根太伟大了，他借用资本的力量整合了美国的钢铁业，让这个行业变强变大了。"伟大的摩根成了这个福建少年第一个人生路标。

苏继挺很聪明。高中时期，他就自学掌握了大学期间的全部物理课程。

但他并未延续理工科路径，而是跨界就读了厦门大学财会专业，这让他练就了一双锐利的财务眼，为今后做企业奠定了基础。

对于他来说，人生似乎太过顺利。

1997年，23岁的他开始在厦门创业，创建公司"奥得奥科技厦门有限公司"（品牌名亦为"奥得奥"），从事空气净化，新风系统品牌设备。

据苏继挺透露，奥得奥机器电路均由他亲自设计。

该公司是霍尼韦尔、伊莱克斯和奥迪的全球合作伙伴，位居行业榜首。

3年后，他成为泉州市十佳企业家；5年后，他成为福建省优秀企业家。

28岁的他快速实现了财务自由。

于是，他把公司丢给了伙伴，自己开始背着高尔夫球包，走遍全世界。"3年中，我打过全球很多不错的高尔夫球场。"

但与此同时，迷茫随之而来。他人生的第一位贵人出现了。

"你这么年轻，不能偏安一隅，应该到北京去发展。"

经济学家许小年点燃了这个年轻人的雄心，他抖擞精神重回商界竞技场。许小年也因此成为他的北京新公司的董事。

马可波罗网祭起360免费神器

2006年年底，他毅然来到了北京。

做什么？他面临又一次重大抉择。

"我曾经帮朋友去各大B2B网站找一种转速2600转的电机，但费尽九牛二虎之力也只找到了1800转的，根本找不到所要的货品。"

企业家篇

这些 B2B 平台数据看似很庞大，但搜索并不精准。

苏继挺的奥得奥公司，也是需要广告宣传的，而且还是广告费用大户，在各大网站投放广告，其中 50% 广告费可能被白白浪费了。

这是他作为中小企业主的两大痛点。

经过详尽的市场调查，他发现，B2B 电子商务网站大有可为。他要为广大中小企业提供两个"精准"服务，即"精准采购搜索"和"精准广告投放"。

仿佛一个新人准备上战场，但抬眼一看，对方是个巨人，自己完全可能不战而败，怎么战？

阿里巴巴 1998 年成立，而马可波罗网是 2006 年 12 月成立，比人家起步整整晚了 8 年。

"我们要换个打法"，苏继挺仿照 360 公司（简称"360"）创始人周鸿祎祭起了免费神器。

"360 当年打卡巴斯基和金山时，就用免费来搅局。对方采用收年费模式，大概有几十万台电脑，每年收入几亿元人民币。360 呢，既然你收费，那我就免费，结果一下子占了几亿台电脑的入口。"

免费模式让马可波罗网在这个行业扎下了根。

挖第一个互联网牛人是最难的

马可波罗网为广大中小企业服务，让他们拥抱互联网。悖论的是，苏继挺本人却是做传统企业出身的。

他自身如何转型？马可波罗网如何转型？如果他和马可波罗网都转型不了，又怎么能帮助广大中小企业转型？

在第 3 期天使百人会走进家人企业活动上，面对在座企业家的提问，苏继挺透露了两大秘诀："首先要有互联网人才，其次要有互联网文化。"

"挖第一个互联网牛人是最难的。"他深有感触。

"2011 年拿到 A 轮融资后，我对中欧国际工商学院 EMBA 同学说，你一定要帮我，不行我踢你屁股。我挖不到你，你找你以前的部下总可以吧！最后终于找到一位。"

苏继挺谈了两大用人观。

首先，像乔布斯所说："1 名出色的人才能顶 50 名普通的员工。"

其次，"宁可花 2 个人的钱去招 1 个能人，也不要用 1 个人的钱去招 2 个差人"。

"聘用一个值 8000 元的人，别讨价还价给 7500 元，你就痛痛快快给 1 万元。他会为你拼命干，这就是'士为知己者死'。"苏继挺说。

"这种人，他会带动一帮人过来，这个底层互联网基因就这样生生不息地形成了。"

说到互联网文化，据苏继挺本人透露，以前因为工作关系到过许多世界 500 强企业，但只有谷歌让他终生难忘。

"这个伟大企业的基因深深震撼了我。人的一生如果能做出这样一个企业，真是此生无憾了。"

在第 3 期天使百人会走进家人企业活动上，当我们走进马可波罗网时，时时刻刻都感受到这种浓厚的互联网公司的谷歌风格。

两次融资带来马可波罗网的脱胎换骨

2011 年和 2014 年先后融资成功，给马可波罗网带来了巨大的推动力。

在第 3 期天使百人会走进家人企业活动上，苏继挺坦诚地披露了两次融资中的两个小故事。

第一次，2011 年融资成功后，新进了 2 名董事。

"我是做传统企业出身的，对盈利很敏感，2011 年马可波罗网终于可以开始挣钱了。"

但没想到当年 A 轮融资成功后，董事会居然争论："是让这个公司更挣钱，还是让这个公司更扎实、更有未来？"

如果公司要挣钱，那就铺开市场，甩开膀子干就行了；但如果要加大技术研发，那只有继续埋头苦干，还要继续投入。

苏继挺坦言："我们在董事会吵了一整天，最后达成了一致。企业要想挣大钱，那就先别挣小钱，老老实实地把钱投到技术研发上。"

当时，马可波罗网引进了 BAT、谷歌等人才大牛，后来建成了中国最大的 B2B 数据库。"我们基本把 A 轮融资的钱都砸进去了。"

2014 年 B 轮融资前，华南城和腾讯派了普华永道来马可波罗网做战略尽职调查。9 个香港人做了近两个礼拜，到最后三四天，双方几乎吵了起来。

马可波罗网质问对方："A 轮融资时，投资人也来做过尽职调查，和你们完全两码事。你们到底是要来投资还是来掏空我们的数据？"

答曰："战略尽职调查你们没经历过，就是要往深里做，看看你们是否有能力完成预计的未来营收，而不仅仅是对过去财报的判断。"

结果，马可波罗网 B 轮融资获得了华南城 3000 万美元的投资，而腾讯在此前后又对华南城追加了 2 笔投资。

马可波罗网一个月产生一个京东的数据量

在第 3 期天使百人会走进家人企业分享中，苏继挺解析到，衡量一个互联网平台价值最重要的是用户活跃度。用户每天在马可波罗自行发布的商品数据大约是 80 万条。

80 万条是什么概念？

2014 年京东上市发布的财报显示，十多年来，平台上 SKU 共计是 2500 万件。

"马可波罗网则是 1 天 80 万件，也就是说，1 个月，我们就生产一个京东的数据量。"

"这还仅仅是用户自行上传的数据，还不包括马可波罗网本身抓取、爬取、解析和交换的数据。"

同时，马可波罗网会通过分析数据，用多个维度给企业做标签。

"比如，我们后台看到一个企业每年发布的新品数量，如果仅是该行业平均值的 30%，那就说明该企业创新能力较弱。"

"如果它某个产品点击量是其他同类竞品的 200%，那就说明这产品是一个爆款。"

这样的数据分析会产生很大的经济价值。

未来马可波罗网怎么挣钱？

苏继挺说："第一，马可波罗网要成为中国最大的中小企业产品和服务分发平台。第二，马可波罗网要为打造中小企业生态圈服务。"

任正非是我比较喜欢的企业家

在马可波罗网挖那些 BAT 互联网人才大牛时，苏继挺通常用价值观来打动他们。

他坦言自己比较喜欢的企业家是任正非。或许苏继挺并不认同任正非坚持不上市的理念，但任正非的家国情怀则让他高度认同。

"任正非早已实现财务自由，为什么还要如此拼命做华为？因为肩负着对国家、对民族的使命感。"

苏继挺认为，在经济全球化的今天，中国企业面对的早已经是全球化的竞争，中国的人力成本优势和生产资料的价格优势已经消失殆尽。

那么，中国靠什么去竞争？只有靠科技创新来构筑新的竞争优势。

马可波罗网正是肩负着这样的使命，帮助中国广大中小企业提高效率，降低成本，使其能够持续地拥有全球性竞争力，为国家创造更多的就业机会和税收。

说到在天使百人会做天使投资，苏继挺坦言并非为了获得巨大的投资回报，而是有三大初衷：

第一，作为天使百人会一名认证会员，参加合投是对组织的支持与信赖。

第二，投资互联网创业公司可以站在互联网发展的最前沿。

因为互联网发展实在太快，新产品、新技术和新模式层出不穷。通过做天使投资，可以从不同创业者那儿了解行业发展的最新动态，保证自己不落伍。

第三，正如天使百人会宗旨那样，"汇聚百人智慧，成就创业梦想"。

"投资投未来。我们通过帮扶创业者，为未来的中国培养更多的精英，为社会发展提供更多的助力。"

王玮说

天使百人会理事

天使百人会智能制造专家委委员

北京文洲丝网印刷机械有限公司董事长

天津文洲印刷机械有限公司董事长

南京文洲科技有限公司董事长

长期从事机械行业设备的设计、制造和销售业务。历经20多年发展，已成为福耀玻璃、法国圣戈班（Saint Gobain）、日本旭硝子玻璃股份有限公司（简称"旭硝子"，AGC）、日本中央硝子、日本板硝子（NSG）、Vitro等7大世界级厂家（它们是德系、美系、日系汽车玻璃的主要供应商），在大幅面汽车玻璃制造中丝网印刷设备的提供商和解决方案的服务商。年产值过亿元人民币，研发投入过千万元。现在从事天使投资，专注于高科技领域。

我们是怎么做到世界隐形冠军的

1997年开始创业,从2016年开始连续3年营业收入超过亿元(特别说明,本书的货币单位"元",均指人民币单位"元"),2019年的营业收入也将近亿元;

从200多人3000万元收入到现在仅100人却营业收入近亿元;

国外营业收入占比从2018年的40%上升至2019年的70%;

……

这是文洲在2019年全球经济下行期交出的一张亮丽成绩单。

2019年12月,在本会常务副理事长王童先生带领下,天使百人会一行15人从北京驱车参访本会家人企业——王玮的天津文洲印刷机械有限公司。她向我们讲述了这张成绩单背后的故事。

汽车玻璃丝网印刷设备行业的世界隐形冠军

丝网印刷可以用在哪些行业呢?

印在香烟盒上,那是用于包装行业;

印在广告牌上,那是用于广告行业;

印在薄膜开关和线路板上,那是用于电子行业;

印在汽车玻璃上,那是用于汽车行业。

1997年,北京文洲丝网印刷机械有限公司成立,主要销售丝网印刷的耗材。

1998年，结缘福耀玻璃，一步跨进汽车玻璃印刷设备领域。随着业务发展，公司的经营业务从服务于包装行业拓展到广告行业、电子行业，再到汽车行业，走过了一段成长、成熟之路。

有数据显示，2018年中国汽车销售总量约为2800万辆，全球汽车销售总量约为8600万辆，而这些汽车玻璃99%都来源于AGC（24%）、NSG（19%）、福耀玻璃（18%）、圣戈班（14%）等供应商，而且行业占比92%的七大汽车玻璃供应商均为文洲的客户，文洲成为玻璃印刷设备的主要供应商。

1998年，接到福耀玻璃的一个电话

刚刚创办的北京文洲丝网印刷机械有限公司，就在懵懂中跌跌撞撞地前行。但路在何方？并不清楚。直到1998年，王玮接到福耀玻璃的一个电话。那是福耀玻璃总工程师李维维女士打来的。

她是福耀玻璃从上海耀华玻璃厂挖过来的专家，而上海耀华玻璃厂是全国深加工玻璃生产企业的摇篮，在20世纪50年代，已经研制出全国第一块钢化玻璃和夹层玻璃，这奠定了李维维非同一般的专业素养。

"听说你们做大幅面印刷设备？"

"是的"。

"做多大？"

"我们专门给广告行业制作标牌，2.44米×3.66米。因为只能买到这个尺寸的航空铝板，再大的做不了。"

"你们能不能过来一下？"

从此，文洲开始了与福耀玻璃长达20多年的合作。

1987年成立的福耀玻璃，希望在业务方面有所突破。但当时的汽车玻璃

丝网印刷设备供应商全被国外厂商所垄断。设备动辄上千万元，质量虽好，但确实太贵了。于是，他们找到了文洲，一家刚刚成立的中国本土企业。

他们带领着查看国际最先进的意大利库克（Cugher）的丝网印刷设备，希望文洲也能自主研发生产。

初生牛犊不怕虎，文洲没有辜负福耀玻璃的期望，2000年，文洲就给福耀提供了第一台自主研发的汽车玻璃丝网印刷设备。

文洲让外国巨头设备在中国的销售价格直降30%

2000年，王玮携带一台自主研发的丝网印刷设备参加玻璃行业的国际展会。这也是中国第一台本土企业制造的设备，国外同行被惊到了，随即国外丝网印刷设备在中国销售价格直降30%。这无疑是文洲在国内外市场漂亮的首秀。

但初创的文洲还很稚嫩，需要时间的磨砺。2005年，幸运之神再次眷顾文洲。继福耀玻璃之后，文洲又被全球NO.1的日本汽车玻璃巨头旭硝子悄悄关注。

旭硝子玻璃股份有限公司创办于1907年，已有100多年历史。它也在寻找自己中意的丝网印刷设备供应商。因为福耀玻璃，文洲进入了旭硝子的视野。

文洲到底是不是自己合适的合作伙伴？能不能成为自己的供应商？旭硝子开始了密集考察。他们走进文洲的客户工厂，收集关于文洲的各方面情报。终于，向文洲伸出了橄榄枝。

第一个合作项目，是帮旭硝子在秦皇岛做一条丝网印刷设备的生产线。文洲有个可怕的黏性，一旦携手，将难以分手。从此，每年旭硝子都会给文洲一个稳定的订单。

2005 年，开启与国际巨头合作之旅

如果说 1998 年，福耀玻璃带文洲走进了汽车玻璃丝网印刷行业；那么 2005 年，旭硝子则带文洲走进了国际市场。

2005 年，文洲和日本旭硝子合作。

2006 年，文洲和法国圣戈班合作。

2007 年，文洲和英国皮尔金顿合作。

要知道，旭硝子、圣戈班和皮尔金顿，包括我国的福耀玻璃，在全球汽车玻璃行业都是赫赫有名的巨头。文洲成为这四大巨头的供应商，从而奠定了在汽车玻璃丝网印刷行业世界隐形冠军的霸主地位。

2016 年，文洲营业收入首次突破亿元；

2017 年、2018 年，连续营业收入破亿元；

2019 年，营业收入有点下滑，但非常接近亿元。

为什么？

因为受到了中美贸易摩擦和全球经济下行的影响，但意外的是，文洲的收入结构发生了惊人的变化，国外的营业收入从 2018 年的 40% 上升到 2019 年的 70%。

瑞士钟表精神铸就一家小而美的国际化企业

一家企业营收 70% 来自国外？是不是一家国际化企业？显然是。

在丝网印刷这个行业，生存着上百家小企业。怎么竞争？"我们紧盯世界顶级的玻璃制造企业，只要成为他们的供应商，文洲就占据了行业的顶端，有了世界顶级企业的信用背书，自然就在竞争中拔得了头筹。"

但获得一张世界顶级玻璃制造商的入场券，何其困难？能拿到这张入场券，文洲拼的是软硬双重功夫。

硬功夫是文洲的自主研发能力。技术研发一直是文洲的核心竞争力，创新是确立行业领导地位的重要基石。文洲有 12 名机械设计工程师，8 年以上经验的有 8 人，15 年以上的有 4 人。

电器设计工程师有 6 人，还有专职负责售后的电器工程师 4 人。

软功夫则是文洲的工匠精神。"每周管理例会和我分享的每个 PPT 左下角都有一行字——'学习瑞士钟表精神'。"

瑞士钟表精神是什么？是精密制造的匠心。"像欧美、日本那样，有很多百年企业，哪怕做一颗螺丝钉都能做得让宝马、奔驰老板折腰。企业并不一定要上市，做一家小而美的公司就好。"

肖立杰说

天使百人会监事

天使百人会企业服务委主任

大华会计师事务所合伙人

北京中鼎盛税务师事务所董事长

财智恒通投资管理（北京）有限公司董事长

美国洛杉矶会计师事务所（xlcpa，Inc.）合伙人

美国教育公司（American solutions，Inc.）董事长

获评"中关村领军人才""全球杰出华人"

拥有10多年的企业财务管理、纳税筹划及高科技企业扶持发展的先进经验。编著的《财税管控中的公司治理》在业界颇受欢迎，并一度脱销。具有丰富的企业内控管理及扶持企业上市经验，能成功帮助企业发展增值，以提供优质的整体解决方案著称，系"投资界的财务专家，财务界的投资专家"。

我是为财务而生的人

"自从 2015 年,老乔(乔迁)把我拉进天使百人会以后,我看企业财务又多了一双投资眼。我不仅会从业务、管理看财务,还会从投资看财务。我是投资人中最懂财务的人,又是财务人中最懂投资的人。"

在天使百人会走进家人企业活动中,本会监事、大华会计师事务所合伙人肖立杰女士,坦诚分享了自己一路打拼的心路历程。

2005 年,我遇到了事业上的伯乐

我大学毕业后,在一家中央企业从事会计工作,并做到了财务经理。在当时我算是拥有优厚的待遇和让人艳羡的职务了,但这些都阻挡不住我一颗不安分的心。

就在这时,2005 年,他出现了——我事业的伯乐、一生的伴侣。他建议我到事务所去做审计工作。

从被别人审计到审计别人,角色的变换固然让我觉得很新鲜,但更重要的是,当大家还在左查右查时,我一眼就能看出问题之所在,我似乎是一位为财务而生的人,很有天赋。这让被审计企业大为惊慌,更让那位伯乐颇为惊喜,"原来我没看错人,果然是一块璞玉"。

于是,我实现了人生第一次转折。两年后,2007 年,我创办了中企利宏会计师事务所。我出任所长,年仅 29 岁,被业界称为最年轻的新秀。

2013 年,中企利宏营业收入过千万元

一旦中企利宏会计师事务所诞生,同行业就多了一个不可小觑的对手。

常规事务所只做传统审计业务，但中企利宏会计师事务所不仅突破常规，还为客户提供整体解决方案，成为企业发展不可或缺的"高端外脑"。事务所发展基本两年一个台阶。6年来，我们换了3个办公场所，服务收入过千万元。

对于企业客户来说，他们很想规范经营，很想降低成本，很想增加利润，很想杜绝财务漏洞，但这需要专业知识，更需要专业人士的帮助。这就是中企利宏会计师事务所价值之所在。

其间，有个客户说："肖总，我觉得你们就像医生一样，只不过你们是帮企业健康发展保驾护航的医生！"说者无心，听者有意，一语点醒梦中人。

财务人确实像医生一样，企业未病时，要防病；有病时，要精准治病；病愈后，要养生。

只有专业财务机构的保驾护航，企业才可能健康发展。但我们要做企业的专业名医，绝不做庸医。

美国出现了第一家中国会计师事务所

随着中国经济的发展，越来越多的中国企业想走出国门，实现国际化。但横在面前的是一道道拦路虎，如文化背景差异、语言不通，而国外会计师事务所的服务费用太高等。

怎么办？"中企利宏会计师事务所要率先走出去，站在世界的巅峰，成为行业的引领者，为更多中国企业国际化提供服务。"这个信念鼓舞着我。

当年，我才30多岁，有的是初生牛犊不怕虎的冲劲。在美国考察一圈后，我就把公司安在了天使之城——美丽的加州。这是美国硅谷创新科技所在地，也是华人最多的州。从此，中国第一家内资会计师事务所在美国落地。

其实，对于一个从小到大、土生土长的、从没出过北京的人，要到大洋彼岸做一名"美漂"，谈何容易？但越是这种不容易，我越能体会到中国企业走出去的不容易。因此，责任感和使命感油然而生。

如果说，2007年创办中企利宏会计师事务所，我只是想做自己喜欢的事儿，是"小我"；但2014年，为了服务中国企业走出去而落户美国，则是实现行业使命的"大我"。

虽然我们不是最大的会计师事务所，但我们要成为助力中国企业走出去的那座最专业、最温暖的桥！

大华会计师事务所让我华丽转身

会计师事务所要做大做强，不仅是国家的战略布局，也是客户企业的发展要求。当客户在我们陪伴下越长越大，就需要上市，需要你继续提供服务，你怎么办？于是，我们又开始了新一轮拓展。

已经长大的中企利宏会计师事务所，成为了行业内的中流砥柱。于是，只要有橄榄枝伸过来，大家就会一拍即合，实现强强联合。大华会计师事务所应运而来，我成为其合伙人。

5000人的规模，年收入过20亿元，这该是多大的体量？有了大华，我们就有了证券业务能力。于是，我们第一次打通了整个行业业务，完成闭环。

对于企业客户来说，小荷才露尖尖角时，有中企利宏会计师事务所为其服务；一旦你长大成人，意欲登陆资本市场时，就有大华会计师事务所为其服务。其实，无论我们走多远，初心一直没有改变——做优质企业的陪伴者！

曾志说

天使百人会 TMT 专家委委员

北大光华管理学院 MBA

本人对网络相关行业有较深理解，拥有丰富的管理经验和团队识别能力。未来希望投身于投资领域，包括整合并购和天使投资。

我们的竞争对手是华为

"因为有华为这样的竞争对手,我们非常有危机感,每年都担心公司活不下去。"2017年5月16日,在天使百人会一行16人走进本会家人曾志所在的锐捷网络股份有限公司(简称"锐捷网络")时,她如是说。

这是一家怎样的公司?她是一位怎样的女性企业家?她将给我们带来怎样的商场打拼故事,以及个人修炼与成长的心路历程?接下来让我们走进一位女性企业家的世界。

一张优等生的成绩单

作为锐捷网络副总裁,曾志女士带领锐捷网络走过了16年。

从当初的30多人发展到现在的4000多人。"除研发部门外,公司几乎所有的部门我都分管过。"

目前公司拥有40多个分支机构,4000多家合作伙伴,年销售额近40亿元,净利润近4亿元。

当我们走进公司的展示大厅,看到整整一面专利墙,共有1548项发明专利证书。在网络通信领域位居前三甲,第一名正是华为。

"高端数据中心交换机是一个设备厂家研发实力的重要标志,锐捷交换机已与华为、思科同处全球第一梯队。"

现在,锐捷交换机已广泛应用于金融、互联网、政务云等各种场景。"建行数据中心的交换机,过去是思科独家,现在则是华为、锐捷网络、思科三分

天使百人会成长印记：中国天使投资人百炼成钢

天下。"

"而互联网三大巨头：阿里巴巴、百度和腾讯，锐捷网络均是他们数据中心交换机的重要战略供应商。"

我们听到了她介绍的3个数据：50%的员工做研发，4000名员工中2000名是研发人员。

15%的销售收入投入研发，其中，30%的研发经费做预研。何谓预研？也就是前瞻性的研究，站在行业前沿的研究。

锐捷网络不仅头顶很多光环，如国家级企业技术中心、博士后科研工作站和国家高科技产业化示范工程；还有多项唯一、第一，如唯一入选国家首批"创新型企业"的数据通信公司，中国企业级WLAN市场占有率第一等。

锐捷网络的客户阵容也相当豪华，从中共中央办公厅、国务院办公厅，到三大移动通信运营商、中农工建各大金融机构，乃至BAT、360公司。

这一切都源于其"以匠人之心，不急不躁做精品；以赤诚之心，全心全意为客户"。

"联想来了好几百个代理商"

"云课堂"缘起于一位云南教育客户的焦灼。

上语文课时，电脑上出现了李白诗词；

上地理课时，电脑上又出现了大好河山；

……

一切看起来都那么美好。

但随着应用的深入，老师们发现这是"一个灾难性的存在"。

为什么？

语文课需要装语文软件，数学课需要装数学软件；老师要在一台台电脑中安装相关软件；电脑还经常中病毒或 bug 不断；高昂的电费也让学校很头疼……

这些痛点都由这个云南客户提出并反馈给了锐捷网络。

于是，锐捷网络派出了一个 10 人小分队，驻扎到了这所学校一个教室上方的小阁楼。白天让师生们体验，晚上研发，反复修正。终于，"云课堂"破茧而出。

云课堂将每个桌面电脑简化成了一个显示屏，所有授课教材全部集中到后台云端，不同课程的替换都由后台一键切换。

过去电脑教室的种种弊端被终结，耗电量大幅减少了 70%，价格也比过去便宜了 10%。

产品一经面世，就供不应求。"第一年卖了 1 亿元，第二年 2 亿元，2016 年 5 亿元，2017 年要卖 10 亿元。"

2017 年，在福州的教育展上，"联想就来了好几百个代理商，要卖我们的产品"。

迄今为止，锐捷网络共部署了 1.1 万间教室，配备了 50 万台终端，市场占有率高达 77.1%，稳居国内教育市场的第一名。

上海地铁，世界级免费 Wi-Fi

免费 Wi-Fi 看大片，这或许是很多地铁上班族的梦想。锐捷网络将这一切在上海等数个城市变为现实。

上海地铁总运营里程位居全球第一，总长 617 千米，共有车站 366 座。在客流量高峰时，每天上千万人次。上海地铁 Wi-Fi 网络因此被誉为"全球最大城域网"。

锐捷网络要想建成这张网，谈何容易？

面临的难点主要有三个：

首先，需要全覆盖。不仅要覆盖站台、站厅，还要覆盖行驶的列车，这是世界级难题。

其次，高速度。地铁列车在向 120 km/h 的速度迈进，然而传统漫游都是基于低速移动环境的，锐捷网络为此研发了专利技术，即"快速漫游切换"。

最后，"活塞风"。当地铁在隧道里以 120 km/h 的速度穿行时，将带动空气的急剧流动，形成"活塞风"。"我们测算过，这个冲击力大约相当于每平方米 8 吨的压力。这对设备将是巨大的考验。"

锐捷网络团队每天晚上 11 点出发，凌晨 3 点收工，工作了整整 3 个月，终于啃下了这块硬骨头。

"妈妈是我一生的指路明灯"

在曾志的原生家庭中，严父慈母，教师世家。"我爸特别严厉，我也特别怕他。"

因为出身问题，母亲从小生活得特别艰难，初中毕业便不得不辍学，被下放到最偏远的山区。

但母亲用智慧让整个家庭活出了灿烂与光明。今天，兄妹四人全都成家立业。就成就而言，曾志说："我不是最大的。"

"妈妈特别积极向上，向我们传递的都是正能量。她从不抱怨，也从不说原来生活多么悲惨。"

"她总说,邓小平是我们全家的大恩人。因为落实政策,我们才有了平等发展的机会。"

"从我记事起,妈妈就给我灌输一个观点,女孩子一定要'自尊、自爱、自重、自强'。小时候,我的铅笔盒上,永远写着这8个字。"

"妈妈对人特别好。只要有她在的地方,就有快乐,就有阳光。"

"她的学生都特别爱她,所有人都喊她余妈妈,没有人喊她余老师。直到今天,依然如此。"

"无论分给我妈妈什么样的班级,她都能教到最好。就在那个乡下中学,我妈妈还被评为全国优秀班主任。"

曾志还讲了妈妈的一个小发明。

我妈特别聪明,有很多奇思妙想。有段时间,妈妈来帮我带孩子,发现纸尿裤太浪费了。她就把纸尿裤外壳完整地保存下来,里面换上纱布内芯。每天换条纱布,重复利用。直到很长时间后我才发现,这居然是妈妈自制的纸尿裤。

教练技术让我脱胎换骨

有人说:"女性企业家都逃脱不了一个悲催的魔咒。凡是企业做得好的,家庭一定不幸福。要么离异,要么婚姻名存实亡。"现在曾志却给出了截然相反的答案。

不过,曾志坦言,她曾经也面临巨大的压力,面临事业家庭难以兼顾的苦恼。

"6年前,我儿子读小学三年级,公司事务繁忙,我又这么严厉,根本没时间管孩子，对儿子伤害很大，他对我很排斥。晚上 7 点以后，坚决不让我进他的房间。"

当时的曾志一门心思扑在公司，除了工作还是工作。为了工作，她报名参加了 ICF 世界教练组织的教练技术培训。

"那个教练技术对我产生了颠覆性的影响，让我脱胎换骨。从那以后，我进行了深刻的自我反省，与自我、与先生、与孩子、与工作的关系都得到了全面的改善。"

"相比过去，公司业务做得更大了，但老朋友都说，我比过去更年轻、更轻松、更阳光。更值得庆幸的是，我与儿子彻底改变了母子关系，从过去的势同水火到现在的亲密无间。孩子现在读初三，正处于叛逆期，但我们关系很铁。"

曾志讲述了一个他们母子间的故事。儿子前段时间要"一模"考试，觉得压力很大。就把我叫进了屋子，开始了倾诉。儿子提到他的目标和对他的意义，以及竞争有多激烈，说着说着就开始放声大哭。其间，爸爸进来了，他强忍住了。等他爸一出去，又开始接着大哭。

我们俩经常一起聊天。他说："今天，我给你讲一下天体物理是怎么回事""今天，我给你讲讲古典音乐欣赏"……

他讲 1 小时，我听 1 小时；他讲 2 小时，我听 2 小时。100% 的接纳，100% 的尊重——这就是曾志的完美亲子关系。

相对于巨无霸的华为来说，锐捷网络是一个小个子选手。

相对于一般的女性来说，曾志也是一个小个子女人。

但这个小个子女人，和这个小个子选手一起，给世界创造了诸多传奇。

张栋说

天使百人会文消投资委委员

天使百人会文艺俱乐部副部长

澳大利亚阿波罗游艇有限公司董事长

青岛海上快车邮轮有限公司董事长

热爱文艺，曾投资将蒙语民歌"鸿雁"汉化，被称为"鸿雁（汉化）之父"；曾到云南临沧近2000米海拔的深山觅茶，让世界上最古老的茶树之茶走出深山；迄今为止，耗费7年时间、3000万美元，将世界上最快的三体船引入中国，推进我国水上交通实现跨越式发展，进入"水上动车"时代。他的造船科技理念是"科技驱动海洋强国，速度推动空间突破"。

我是怎样把世界上最快的船引进中国的

"鸿雁，天空上，对对排成行，

江水长，秋草黄，草原上琴声忧伤……"

你知道这首最美妙动听的歌曲"鸿雁"背后的故事吗？

你知道世界上最古老的茶树在云南临沧近 2000 米海拔的高山吗？

你知道世界上最快的三体船已经成功引进中国了吗？

这就是天使百人会文消投资委委员张栋的三"最"故事。

1992 年，我挣了近 2000 万元

我生在北京，长在内蒙古，1999 年再次回到北京。子承父业，我大学学的是电力专业，但骨子里并不喜欢，它也不是我想要的东西。1980 年大学毕业后，我在电力系统干了 7 年，然后正式下海。

回想起来，那时真是创业的好时光。钱很值钱，挣钱也很容易。当年信息不通、资源匮乏，有很多粗放的创业机遇，我因此做了很多行业，从钢材、羊绒到电子产品等。

1989 年，我开始专注通信领域。到 1992 年，差不多挣了 2000 万元。但我对财富并没什么概念。钱来得快，去得也快。我只是凭着一腔热血往前狂奔。

直到而立之年，我才感到自己的心慢慢平静下来，不再莽撞，也不再随性，而是听从内心的召唤，做自己想做的事，这才有了我的"三最"故事。

"鸿雁（汉化）之父"：汉化最优美动听的蒙语民歌"鸿雁"

我从小喜欢文艺，5岁时就曾登台表演，在心灵深处保有一颗文艺的种子。但因为家庭出身不好，小小心灵经常受到伤害和打击。

父母经常被"造反派"强制去学习，年幼的我很少有父母陪伴，喜怒哀乐只能靠自己消化。电影和音乐便成为我的精神寄托，特别是蒙语歌曲令我深入骨髓地眷念。从某种意义上说，遇到蒙语"鸿雁"是我冥冥之中的缘分。

我的好朋友纳森兄弟俩在长安街开了一个蒙古餐吧，那里是北京有草原情结的人经常聚会之地。我们听着马头琴和长调，大块吃肉，大碗喝酒，感受着来自草原的氛围，格外畅快。

2003年，有一天我接到这兄弟俩的电话，说餐吧要换个新乐队，让我去听听，给个参考意见。我欣然前往。这个新乐队叫鄂尔古纳乐队，由6个稚嫩的蒙古族小伙子组成。

看到他们那纯净的相貌，我第一眼就很喜欢。当主唱唱出第一句蒙语版"鸿雁"时，我的心刹那间就被融化了，仿佛一下子回到了内蒙古大草原，辽阔深远，情真意切。我非常震撼，几乎热泪盈眶。

当晚，我下定决心要做点什么。因为当年懂得蒙语歌曲的人还非常少，我特别希望能把这么优美、这么有画面感的"鸿雁"推广开来，让更多的人能听到。

第二天，我找到了非常著名的作曲家张宏光先生和我的老友韩磊，还有钢琴家孔祥东先生。他们现场听完后，也被深深地打动。

于是，我跟张宏光先生合作。我负责投资，他负责乐队的日常管理和排练，并找制作人重新填词，打造了一款汉语版的"鸿雁"。通过两三年的打磨，乐队在星光大道栏目演唱"鸿雁"荣获亚军，"鸿雁"一炮而红，于是我们又制作了"鸿雁"的CD。当年，我个人定制了500张"鸿雁"CD专门送给喜爱"鸿雁"的朋友们。

看到无数人也像我一样热爱"鸿雁"，传唱"鸿雁"，还被朋友们称为"鸿雁（汉化）之父"，我非常欣慰。与其他投资项目的财务回报相比，"鸿雁"的投资和付出给了我巨大的精神享受，这正是我最在意的价值所在。

云南临沧：世界上最古老的茶树

茶发端于中国，也是国人交往的重要礼品。在各种华丽的包装下，我们或许闻过各种茶的味道。但只有一种茶让你一闻倾心，一生结缘。这就是云南临沧野生古茶树的茶。

十年前，有个朋友拿了一包云南茶给我，我原本并不在意，但一闻大惊，原来这才是大自然的味道，是原始森林的味道。此味只应天上有，人间难得几回闻。

我下决心要走进大山，寻访这些古茶树。于是，我邀密友同行，从北京到云南，再到临沧，飞机+汽车+登山，徒步走了十几小时，非常辛苦。

走到山脚下，我被震撼了。看见这里海拔超过1750米的原始森林，我知道了什么叫"大山深处"。

因为制茶工艺的不同，有了绿茶、红茶、白茶等诸多品类。但我们这款茶，没有任何加工工艺，采下来自然阴干就可以喝，散发着最自然、最原始、最纯净的味道。

据专家考证，数千万年前，世界上第一棵古茶树就诞生在这片土地上，这是中国茶的发源地，也是世界茶的发源地。我想把这款茶带出大山，让万千爱茶人也能品尝到。

好在朋友家的亲戚是村主任，他带着我们挨家挨户做工作，终于得到了所有（500多户）村民的签约同意，因此，我拥有了70年的林权证，茶山占地3万多亩。

由于野生古茶树数量有限，茶树身高达15～20米，有些更高，当地采茶人要徒手徒脚爬上去，采茶过程异常辛苦，因此，产量非常低，一年只有数百斤。

爱茶人一旦喝过这种茶，就会把其他各种茶拒绝了，从此只好这一口。回顾十年路，非常欣慰，但也有很多遗憾。这款世界上最古老的野生古茶没有做任何商业开发，迄今为止，连个品牌名都没有。

此外，这片古茶山也是大自然的宝库，有着数十种野生植物资源。未来，我将带领天使百人会的家人们一起走进古茶山，开启体验茶山之旅。

把世界上最快的三体船引进中国

中国高铁闻名全球，中国交通也闻名遐迩，但你知道中国的水路交通水平如何吗？实际上，还非常一般。

如果说，中国铁路交通已经进入风驰电掣的高铁时代，那么，水路交通才进入徐徐缓行的绿皮车时代。这是我8年前了解到的事实。因为我遇到了一个影响我一辈子的人——一位中国优秀的造船专家。

当年他问我："我准备做这样一件事，你要不要加入？"这其实是一件带有情怀、带有使命的大事。

"相信你，我要加入。"

从此，我有了下半生的事业，为中国引进世界上最快的船——某国一家著名造船企业生产的三体船。

国际造船技术由于受欧美封锁，不对中国开放。但我们用了7年时间、3000万美元的投入，感动了该船厂的创始人。

2019 年年初，我们已经引进了全部核心技术。这些技术不仅极大地提升了中国造船装备制造业，也将极大提高中国水路交通水平，让中国跨越式迈进海上"动车"时代。为此，我们青岛公司取名为"青岛海上动车邮轮有限公司"。

这种三体船速度快、舒适度高、抗风浪强。普通船的速度为每小时 15 节，这种船可以跑到 45 节，抗 6 级风浪，甚至 12 级风浪也打不翻，占据全球造船业最高端。这种船的引进将会给中国带来一个新航运业态。

青岛市政府非常重视，希望尽快在当地码头落地，给了两条国际航线资源，从青岛到韩国平泽和从青岛到日本下关，已列入该市"十四五"规划。

海南省政府也积极推动，规划了从三亚到三沙岛的旅游航线。现在普通船往返要好几天，船速慢，时间长，船上住宿舒适度差，体验很不理想。但换成三体船，一天就可以跑个来回。

目前，我们准备引进一艘，再自己造一艘。今后，我将争取拥有一条自己的航线，届时请天使百人会家人亲自登船体验，这将是我的愿望和努力方向。

张新说

天使百人会企业服务委委员

天使百人会深海钓俱乐部副部长

天使百人会户外俱乐部副部长

北京敬业达集团董事长

北京敬业投资有限公司董事长

北京市大兴区（第二届、第三届、第四届）政协委员

中国建材联合会干混砂浆分会副理事长

天使百人会成长印记：中国天使投资人百炼成钢

穿越塔克拉玛干沙漠的企业家

他曾经一年打了 5 万个高尔夫练习球，下场上百次；

他酷爱开越野车穿越沙漠，从库布奇、阿拉善到塔克拉玛干都有他的车辙；

他潜心建筑行业 21 年，从 42 万元起步到现在公司净资产已达数亿元，而今投资 1000 万元二次创业；

……

他就是天使百人会理事、北京敬业达集团董事长张新先生。

2017 年 4 月 18 日，在天使百人会理事长乔迁先生的带领下，我们一行 17 人走进了家人张新先生的企业，聆听了一位传统行业企业家成功转型的故事。

第一次创业缘于那场雨

1991 年，张新毕业后被分配到某国企工作。作为最年轻的项目经理，他曾连续好几个月在整个项目评比中蝉联第一，深受领导器重。

但有一天突然下起了瓢泼大雨，他所在的项目厂区在地势最低点。

于是，他心急火燎地找到总指挥，"上游必须堵上，否则下游全被淹了"。但结果是，无法协调。

他连夜赶到项目现场，看到的是汪洋一片。"我的心被伤了。"从那一刻起，自主创业的种子就在他的心里萌发了。

企业家篇

"那生产线就是印钞机"

1996年，"我们哥儿四个，攒了42万元想干点事"。于是，北京敬业达新型建筑材料有限公司（简称"敬业达建材"）就此诞生。

2002年，敬业达建材投入4000万元，建起了现代化的实验室和规模化的生产车间，聚焦于墙体建筑节能保温领域。

2004年，敬业达建材转向装饰，注资3000万元，成立了北京敬业达装饰工程有限公司（简称"敬业达装饰"）。迄今为止，敬业达装饰在业内声名赫赫。

"敬业达技术已经位居全国前列，有些甚至达到国际领先水平。建筑行业的运输成本具有最大的排他性，而张新公司的地理位置决定了其先发优势。"

在第8期天使百人会走进家人企业活动中，作为业内资深人士，天使百人会副理事长、朗诗集团副总裁周青先生一语中的，"那生产线就是印钞机"。

2015年，敬业达从墙体保温领域市场延伸至装修辅材市场，注资1000万元，成立了绿优全装科技有限公司（简称"绿优全装"）。

与此同时，敬业达创办了北京敬业投资有限公司，下辖三个全资子公司，即敬业达建材、敬业达装饰、绿优全装。

从1996年到2017年，从建材到装饰，从工装到家装，从传统行业到"互联网+"，从实业到投资，张新先生用21年的付出，构建了敬业达集团三足鼎立的稳健版图。

近半百"高龄"再度创业

从建材到辅材，从敬业达到绿优全装，张新先生以近半百之"高龄"，开始了第二次创业。

如果说敬业达建材解决的是建筑物节能环保问题，那么绿优全装解决的则是辅材安全问题。

如何给普通老百姓提供安全优质的装修辅材？"我想到了搭建这样一个平台，即绿优全装，用'互联网+'来提升建材传统行业。"

辅材是一种长尾业务，量多、值小、品杂，但房屋装修，辅材是必需品。

房屋装好后，有人住进去却得了癌症或白血病，为什么？

张新解释道，问题主要出在辅材上。主材地板没问题，但可能粘地板的胶有问题，比如甲醛问题。如果甲醛含量高，要13年才能散尽。

何谓绿优全装？绿优全装是指辅材产品既是绿色（环保）的，又是优质的，覆盖全装修产业链。

"绝不从你的碗里盛饭，而要给你的碗里加菜"

绿优全装是装修辅材合作共赢的平台。张新对其他辅材产品供应商说："绝不从你的碗里盛饭，而要给你的碗里加菜。"

为了保证辅材质量，他们不仅建立了专业的质量检测中心，而且和保险公司合作，实行质保赔付机制。

产品不仅有敬业达自产的，也有其他各个品牌的。

辅材市场还有无数的个体经营户。"以前我非常痛恨那些售卖劣质辅材的无良奸商。但随着绿优全装的深入，我渐渐发现了这个群体的不容易。"

一个不大的房间里堆了2000多种辅材。你要什么，他一定能给你掏出来。如果没有，他会到邻家倒货给你。一件辅材，他可能也就赚一元钱。

销售、出纳、财务、人事，都是一个人，而这个人的背后就是一个家庭。

这就是辅材市场上无数个体经营户的写照。

绿优全装用信息化惠及这些个体经营户，经过审核合格，他们就可以把产品放上来，把客户放上来，把产供销放上来。

产品，我们给你平台销售；客户，我们给你维护，并搭建了客户互换系统，分享共赢。

建材业受限于运输半径。比如，你房山的客户到大兴，大兴的商家给你返点；同样，大兴的客户来你家，你也要给人家返点。

产供销，我们给你实现信息化。一年销了多少货，是亏还是赚，哪种货品好销，哪种货品滞销，在信息化系统上一目了然。

专业投资人篇

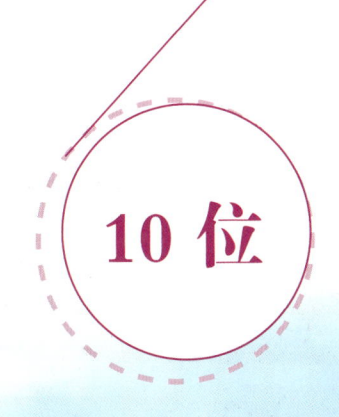

10位

"天使百人会走进家人企业"活动现场

"天使百人会走进家人企业"活动合影

蔡蕙浓说

天使百人会教育投资委委员

深圳天使百人会监事长

深圳市明哲投资发展有限公司董事长

中欧国际商学院 EMBA

曾就职于深圳市城市管理办公室、深圳市富通实业有限公司。2005年至今，先后参与创办富通教育投资有限公司、深圳市康弘环保技术有限公司、深圳市城市策略地产顾问有限公司、深圳市明哲投资发展有限公司等。

在投资中吃喝玩乐，在吃喝玩乐中投资。投资主要聚焦于素质教育、地产、环保、大健康、新材料、人工智能等方面。

7个月在荒地上建成一所学校，开学1008名学生报到

从北京到深圳，

从公务员到企业家，

从实业到投资，

我的人生渐渐走上了一条美好的道路。

挥别3个月的"蔡医生"

父母常住东北，我从小是在北京的外公外婆家长大的。我母亲那一代基本都学医，但到了我们这一代，没一个学医的。因为我最小，所以父母在帮我填报高考志愿时，很强势地填报了医学院。

1990年，我从大连医科大学毕业后，当上了老家医院的"蔡医生"。因为此前，我曾经到深圳过年，一直难忘。

于是，1990年毕业工作3个月后，我就挥别"蔡医生"，只身来到了深圳。直到1991年，我才找到了第一份工作，是一家国有单位——深圳住宅局下面的房地产经营开发管理公司，主要为公职人员修建福利房。

1991年的深圳，两三万元就可以买到一套房

我从此开始接触房地产行业。这家单位拥有房地产领域当时比较齐全的牌照，如房地产经营、房地产开发、物业管理、建筑施工管理，还有房地产交易所等。

1993年，我开始参与管理深圳房地产二手房交易，早期两三万元，后期5～10万元就可以在深圳买到一套房。

1995 年，我很幸运地被调到深圳城市管理办公室（简称"深圳城管办"），成为一名公务员。深圳城管办管理所有的城市公共设施，如道路、绿化、路灯、路桥、环卫等。我在绿化管理处，主要参与了深圳城市"绿化"建设。

深圳森林覆盖率和绿化覆盖率非常高，是名副其实的千园之市，有 1090 个城市公园。作为曾经的一名深圳城管人员，走在绿道上，我依然感到由衷的骄傲和自豪。

一名女性房地产商的困惑

1998 年我正式下海，主要做房地产二手房交易，还有资产不动产评估和房地产咨询。

2002 年，我开始自己拿项目做房地产开发。刚开始时首要工作就是找资金，每天为筹集资金焦头烂额，压力很大。

非常幸运的是，我碰到了一个靠谱的合作伙伴，让我信心大增，压力骤减，我们一直合作到现在。由此，我步入了事业发展的快车道。

但随着财富的增长，事业的成功，我反而对人生有些困惑，来路迷茫，去路何方？于是，2005 年，我走进了中欧国际工商学院，攻读 EMBA。从此，我的人生发生了巨变。

中欧国际商学院让我完成蜕变

经过中欧国际商学院 EMBA 的学习，我不再是过去那个荷包满满、大脑空空的蔡老板，而是有着一整套三维立体的企业运营思维，还有对人生的深度思考，俨然成了一位用思想武装起来的企业家。

第一，我对管理有了全新的认识

我创办的第一家公司，一个正式的规章制度都没有。我当时想，我自己管理，几点上班、几点下班，上班该做什么、不该做什么，都应该很清楚。但后来发现根本不是那么回事，遭遇了很多的跳槽、背叛和竞争。

我从零起步学管理，交了不少学费。管理要直面人性的弱点，要用制度的刚性来对冲人性的弱点。

第二，我对企业运营有了全新的认识

过去，我怎么赚到钱，赚的是什么钱，其实并不太清楚，但读过中欧国际商学院 EMBA 后，我才恍然大悟。

我意识到作为企业家，需要对企业有长远战略规划，而不是拍脑袋。从此，企业运营的系统理论框架在我头脑中开始建立起来了。

第三，我对自己企业的行业定位有了全新的认识

因为在一个行业待久了，并不知道全社会其他行业如何运作，以及行业所处的位置和未来发展趋势。

我终于学会从全社会的视角来看房地产行业，更清楚自己的未来发展方向，也坚定了找一个自己喜欢的行业去做投资的想法。

7 个月建成学校，用"深圳速度"创造了一个"深圳奇迹"

2001 年，我偶然投资教育，成为一家民营学校的校董。2005 年，我们自己开发的小区要配套建一所学校，并由我本人来运营和管理。

从一片荒地开工建设，到组建团队再到招聘老师、招收学生、正式开学，一共花了 7 个月。

2006 年 9 月 1 日，学校正式开学，1008 名学生来校就读。那天开学典礼的场景让我终生难忘。

其实，当时没有人相信一所学校在如此短的时间内可以拔地而起，可以说，我们用"深圳速度"创造了一个"深圳奇迹"。

我反对课外学习辅导，致力于投资课外兴趣培训

我始终把素质教育放在首位，对现在社会上非常热门的课外辅导也有个人的看法。课外辅导主要分两类，一类是课外学习辅导，一类是课外兴趣培训。

对于课外学习辅导，我始终持反对意见。围绕应试指挥棒，老师和家长合围学生，孩子们课业太重，难得的节假日，还被送到课外辅导机构继续加码学习。

现在有些企业专门做课外学习辅导，不仅赚得盆满钵满，还走上资本市场，拥有巨额的市值。但我并不认为它们是伟大的企业。

一家教育企业，一定要给受教育者带来身心愉悦和健康成长才是好企业。否则，那仅仅是赚钱的机器而已。

我提倡课外兴趣培训，让孩子们接受体育、艺术和益智类辅导，让他们的身体更健康，人格发展更健全，人生更幸福。这才是我心目中的教育，也是我要投资的教育。

疫情也挡不住我的素质教育投资

2019年天使百人会年会后的第二天，胡雪琴秘书长组织国外、外地会员进行午餐时，我恰好与本会上海发展中心邓健主任邻座。

邓健主任投资的动擎体育，通过聘请退役的世界体育冠军，来给少年儿童做健康体育培训。不仅让退役后的世界冠军仍能发挥专业能力，而且孩子们能够接受高起点的体育专业培训。这与我的教育投资理念高度契合。

尽管疫情正盛，我依然和他们的创业团队视频交流，后来，疫情稍微缓解后，我便从深圳飞到上海做尽职调查，最后决定投资。这也成为天使百人会

的天使投资人三地联合助力创业者的佳话。

未来，我想将上海动擎体育培训引进到我深圳的学校，让深圳的孩子们也能锻炼身体，快乐学习，健康成长。

爱美食，爱美衣，爱美景

我非常喜欢旅游，经常到国内外做一些深度游，增加自己人生的宽度。我想走遍世界，走遍两极。南极已经去过了，北极正在筹划中。

我也是一个资深的吃货，热爱美食，所以我认识一些全国非常有名的大厨。虽然自己是个厨房小白，但并不妨碍我热爱美食。

因为热爱美食，所以也摆脱不了烟火气的诱惑。希望与"家人们"一起享受人生，我会是旅途中一个最好的玩伴。

天使百人会有一个理念——"爱投资，悦生活"，我非常认同，"在投资中吃喝玩乐，在吃喝玩乐中投资"。

这就是蔡蕙浓，一位女性天使投资人的自画像！

郭延生说

天使百人会理事

天使百人会投资学院副院长

天使百人会教育投资委主任

北京银河汇智投资有限公司总经理

融道（海南）股权投资基金管理有限公司董事长

中欧国际工商学院 EMBA

曾任用友集团高级副总裁和新道科技股份有限公司董事长。拥有 25 年大型 IT 企业管理经验，未来专注于发展教育服务型企业，探索早期天使投资以及后期的企业并购。

把企业搬进大学校园

"新技术催生新市场，新市场催生新商业，新商业催生新职业，新职业催生新教育。新道教育即为新教育的一种，教育新道。"

2018年8月21日，当天使百人会认证会员一行20人走进本会理事郭延生先生的企业——新道科技股份有限公司（简称"新道科技"）时，他如是说。

如今"少年"已长成

作为用友系的新生派，说到新道科技，必谈用友（用友网络科技股份公司，股票代码：600588）。

用友以财务管理起家，新道科技主打教育，确为"用友新道"。

新道科技董事长郭延生不仅与大老板王文京系同校校友，而且是用友元老——今天用友员工已达18 000人，而郭延生加盟时，用友才20多人。

2011年，郭延生先生在用友平台第二次创业，创办新道科技。其实当时名叫"用友新道"，在2015年上市前，更名"新道科技"，即现在的新道科技股份有限公司。

从"用友新道"到"新道科技"，恰恰勾画了这个"少年"的成长轨迹。

如今"少年"已长成，新道科技与用友之间完全独立，独立的产品，独立的市场，独立的业务，独立的团队，独立的品牌。这实现了王文京当初对这个"少年"的期望。

"既然中国有'纳斯达克',那咱何必跑到美国去呢?"

作为一家教育服务公司,新道科技要做好四个方面的服务,即做校长的伙伴,做老师的朋友,做学生的教练,做企业的红娘。

据郭延生介绍,早在 2012 年,新道科技就提出了产教融合的新理念;两年后的 2014 年,国务院召开全国职业教育工作会议,才正式提出产教融合。

2013 年,新道科技开始做校企联席会,开展全国规模的师资研修,给全国各大财经院校培养教师。

2014 年,新道科技开始推进智慧教育,用科技手段研发新产品。

新道科技似乎永远跑在市场的前列,直到 2015 年跑进了新三板。

当年,郭延生立志要做一家纳斯达克的上市公司,而当时新三板气势如虹,号称中国的"纳斯达克"。

"既然中国有'纳斯达克',那咱何必跑到美国去呢?"

"把企业搬进大学校园"

新道科技之新在于把企业搬进校园,实行场景化和任务化教学。

新道科技面向本科院校和职业院校,提供实践教学解决方案和教育云服务,主要服务院校的商科,即财经类专业,为企业培养经营管理人才。

财经类专业,除财务外,大都不容易务实,也不容易学到真功夫,受欢迎程度也不高。

新道科技就是要让这些专业"实起来"。不仅要让这些专业、知识看得见,摸得着,听得懂,学得会,更重要的是用得上。其重要武器乃新道科技虚拟商业社会环境(Virtual Business Society Environment,VBSE)综合实践教学平台。

天使百人会成长印记：中国天使投资人百炼成钢

利用虚拟商业社会环境综合实践教学平台，让大学生的创业就业不再是纸上谈兵，而是走过实实在在的商务流程，这个流程环节包括小到一张发票报销，大到企业营销决策、战略制定。

新道科技实训室给大学校园带来一番新气象。教学不再是老师讲学生听，而是老师做学生做，学生站着上课，跑着上课，笑着上课。

新道科技实训室成为各高校校长们拿得出手的一道"招牌菜"。当有外客参观时，校长带其参观的第一站不再是图书馆，也不再是工科实验室，而是新道科技实训室。

迄今为止，与新道科技合作的各类院校有3000多所，实践教学基地有6000多个，培训的教师超过3万人次，培养的学生超过110万人。2017年，新道科技的营收达到2.47亿元。

一生均为新道科技（教育）做准备

郭延生先生回忆道，小时候，父亲在城里的新华书店工作，一年都难得见到一次。父亲身体不太好，每次只有生病才回家。父亲拎的黑色皮包里，除了药瓶，偶尔还会有一两本小人书，这是郭延生的至爱。

随着年龄的增长，郭延生阅读的书从小人书过渡到小说。初三毕业前，他通过阅读四大名著等图书，奠定了一生的人文基础。

1988年大学毕业后，郭延生1992年到了用友，一干就是26年。

2011年，他遇到人生重大的转折点。要么继续留在用友，分管人力资源、企业管理等方面，可谓"位高权重"；要么转身创业，一切归零。但郭延生选择了后者。

此前，郭延生在用友参与、负责了若干教育板块，如用友大学等，如果做教育是郭延生一生的使命，那么此前多年的积累或许都是在为这次转型而做准备。而今，作为新道科技董事长的郭延生应该感谢当年那个挑战自我的选择。

"我想去尼泊尔徒步"

郭延生兴趣广泛，特别热爱球类运动。在上大学时，几乎三分之一的时间都挥洒在足球场上。

"读万卷书不如行万里路，前者是别人干的事，我比较喜欢行万里路。"

令郭延生比较自豪的是，在同龄的朋友中，他是第一个周游全国30多个省份的人。其中有因公出差，也有因私旅游。

从单纯的旅游到自驾再到徒步，郭延生现在慢慢喜欢上了徒步。用徒步的行话来说，他喜欢这种"自虐"的方式。

第一次徒步他穿过了延庆的海坨山顶，第二次徒步他翻越了新疆的天山。郭延生最后说："我还有一个梦想是去尼泊尔徒步。"

刘小鹰说

天使百人会 AI 投资委主任

老鹰基金创始合伙人

中国长远控股董事局主席（股票代码：0110.HK）

新龙脉控股集团合伙人

硅谷 F50 基金合伙人

香港中文大学新亚书院校董会成员

爱尔兰国立大学资讯科技硕士甲等荣誉学位

哈佛商学院风险投资课程研修毕业

拥有 30 年创业、投资和电信从业经验，是引进磁卡电话和诺基亚手机进入中国市场的第一人。1993 年刘小鹰创办长远电信，2000 年长远电信在香港成功上市。2003 年长远电信位列中国科技百强企业第六名，刘小鹰个人进入胡润财富 500 强榜单。2012 年，刘小鹰创办老鹰基金，累计投资了 200 多个互联网、科技创新和新消费项目。

一位企业家出身的天使投资人的 30 年心路历程

这是一个内地家族到香港打拼再回归内地发展的故事；

这是一个企业家出身的天使投资人的成长故事；

这是一个天使投资人全方位、多侧面的人生故事。

——这就是天使百人会 AI 投资委主任、老鹰基金创始合伙人刘小鹰的故事。

刘小鹰——"小鹰号"航母

我是一位"60 后"。父亲是泰国归侨，大学毕业后当兵。也许是潮汕人加闽南人的缘故，我天生就有经商的基因。小时候经常听大姑讲爷爷和大伯在泰国的故事，知道他们经营大米生意，鼎盛时期有四条大船。

在厦门从小学到初中，我是又红又专，年年考班上第一；当班长，还是文艺宣传队指挥手，还跟随军官学习拉二胡。

1977 年移居香港，迎来人生最大的转折点

1977 年，父亲带全家人移居香港，这是我人生最大的转折点。我刚到香港插班上学，由于英语水平太差，被降了两级。但一个学期后我不仅考班上第一，还当上了班长。

到香港后，父母去工厂上班，供养我们四兄弟上学，父亲利用业余时间

继续写作完成了一本中医书——《伤寒论研究》，并于1979年由商务印书馆出版。

家里省吃俭用七八年后，父亲和工友开起了电子表配件厂，但后来合伙人撤资，母亲被逼辞职到父亲的工厂帮忙，秘书、文员、会计、阿姨的工作由她全包了。由于本钱太少，工厂经常周转不灵，也没有海外直客，价格不仅压得很低，还经常有人赖账款，收远期支票还被强扣2%作为让利，生活极其不易。

"工字不出头"，萌生创业梦想

本来想当作家的我，上大学毅然选择主修市场营销和国际贸易，辅修计算机和经济学，想来和父亲的工厂的经历有关。我们潮汕人有句话"工字不出头"，那时我已经迫不及待地想自己大学毕业后尽快当老板了。

上大学时我很活跃，除了参加不同的社群，还是校足球队代表，司职右边锋，和师兄师姐们的关系也比较好。1988年大学毕业，我连简历和毕业证书都没有，经师兄介绍，轻松进入李嘉诚的和记黄埔洋行打工，一干就是5年。

从销售工程师干起，我跑遍了北、上、广、深、浙江、福建这些最早开放的地区，别人偷懒我却自告奋勇，帮3个部门卖产品，产品包括日本田村磁卡公用电话、NEC程控电话系统（PABX）、NCR酒店电脑管理系统。

1988年是改革开放的第二个十年的开局之年，港商在内地很受欢迎。我普通话讲得好，又懂国情，签了不少订单，一年涨几次工资，很快升至经理，为以后的工作打下了基础和积累了人脉。

1990年，我第一次天使投资，因提前退出，错失上亿回报

1990年，我用10万港元投资了北京通成推广公司并占股份10%，他们签下北京地铁一号线的独家广告运营权。可惜我创业后提前退出了。

北京通成推广公司后来越做越好，改名"媒体世纪"，于2002年在香港上市，市值20多亿港元。如果我的股份还剩下5%也有1亿港元，那股权投资真是一本万利。

1993年，三十而立，连续三天三件人生大事：辞职、结婚、创业

1989年后，我对改革开放依然信心十足。那时20多岁的我已经和厅级领导们成了忘年交，还有邮电部和各省市邮电局领导，他们都说我人好又勤奋，如果以后自己当老板一定会支持我。

后来，我创业的第一桶金就是来自几大省份的采购大单。1991年，我去瑞士参观电信展并结识了诺基亚、爱立信和众多通信设备厂商，就有了后来拿下诺基亚代理权的因缘。

1993年，我辞职创业，正好三十而立，连续三天办了人生三件大事。第一天，在和记黄埔办完离职手续，当晚飞到北京；第二天举行婚礼；第三天长远电信正式开业。

20万港元起家，签下世界500强的诺基亚总代理

诺基亚是世界500强企业，当年我20万港元起家，能够签下中国总代理已经是奇迹。

天使百人会成长印记：中国天使投资人百炼成钢

第一年我资金不足只能先做顾问代理（FA），第二年开始直接开信用证（LC）去芬兰订货，每季度的销售压力非常大。

创业那几年我非常艰辛和孤独，什么困难都得自己扛，后来还经常抽调资金支持父亲的工厂。

随着中国手机市场的扩展，我们又签约了飞利浦手机、阿尔卡特手机的中国总代理权。从1993年到1997年，我们每年的营业收入翻几番、利润也翻几番，厂家给的订货压力也越来越大。

公司资金链总是处于紧张和近乎断裂的状态，我将房子抵押、找厂家赊账、让利给客户预收款等，千方百计地充实现金流，经常拼到最后一刻才得以缓解。

诺基亚后来增加了几家代理商，其中，美国蜂星（CLST）、北邦（CELL）都是纳斯达克上市公司，还有央企中邮普泰，它们的资金实力都比我们大很多。

1998年，公司收入5亿港元，上市成为救命稻草

创业4年后，眼看公司年收入已达5亿港元，净利润1000多万港元，上市融资便成为一根救命稻草。

公司上市过程也是荆棘满途。试想，诺基亚业务占比高达90%，代理协议却是每年一签，单单这个风险因素就难以通过。而当时，我根本找不到合适的人咨询怎么上市。

1996年，我偶然认识了一位德勤审计师合伙人，才知道上市要找"四大"

会计师事务所做审计，同时需要补交所得税才合规，并且还要找保荐人和上市律师，所有费用至少需要 700 万港元。

虽然挑战很大，但我别无选择。从 1998 年开始，我准备 3 年后主板上市。

当年我因完不成提货任务差点被取消代理商资格，天天焦头烂额想尽办法加快上市步骤。

奇迹般地拿到上市批文，成为香港最年轻的上市公司主席

幸运之神终于降临。1999 年年初，港交所推出主打科技和互联网的创业板上市计划，而且只需要两年业绩，我不顾专家反对，立马决定调转船头奔赴创业板。

当时律师朋友建议我在经营业务中加上互联网概念，介绍了从美国海归互联网教授 Tony 唐的创业项目。该项目含有太平洋商业网络最新 B2B 概念，因有朋友背书，所以没有做尽职调查，我投了 40 万美元占 20% 的股份，将其装进申请上市的主体，把长远电信加上"网络"两个字（简称长远公司），从而搭上了"科网股"这趟列车。

我向港交所递交了材料，在多次问询之后，便石沉大海。无奈之下，我急中生智，鼓起勇气直接致电港交所高级副总裁霍广文，要求投诉和约见，并请出诺基亚客户经理林国诚先生一起去拜见。

也许是我的真诚和执着打动了霍广文副总裁，其实我们并没有拿出有力的书面证明，两天后，我们奇迹般地拿到了上市批文，我们的保荐人、律师和审计师都感到非常惊讶。1999 年 11 月，上市路演很成功，获得超额认购。那时，网络概念非常疯狂，股票天天创新高。

2000年1月26日，我们成功挂牌上市，比李嘉诚的TOM.com还早，第一天股价上涨了33%，成交量占整个创业板一半还多，市值突破20亿港元。

那年我36岁，成为香港最年轻的上市公司主席。

2000年5月，我投资的太平洋商业网络在纳斯达克又借壳上市。半年之内，我有两家企业上市敲钟，也算小有成就了！

2003年，长远公司位列中国科技百强企业第6名

回顾当年的创业公司，商业模式本质是"贸易"，公司的价值就是"分销渠道"，没有自己的品牌和技术，虽然当时借助移动通信的风口而曾经辉煌，成为全国三大品牌手机的代理商。

2001年，诺基亚一款8250蓝屏手机我们就卖了几百万台。2003年，公司入榜中国科技百强企业并位列第6名，鼎盛时期员工有5000多人，覆盖全国400多个城市，在20多个省设立分公司或办事处，年销售收入达到几十亿元人民币。但我心里明白，需要长期面对好几座大山，开支大、毛利低、库存高、跌价快，深受"厂大欺店"之苦。

2003年，我们开始被逼学习国产手机模式，特别是波导和TCL的深度分销方式，实行"农村包围城市"的策略。

我们上市后连续多年盈利增长，2004年公司转到香港主板挂牌。但是基金经理和分析师发表研究报告说我们做分销存在"天花板不高""低毛利""库存风险大"等问题，股票市盈率一直偏低。但其实我们的业绩不错，股东权益

回报率（ROE）也不低，对此我一直很不服气。

2007年，美国次贷违约和雷曼兄弟倒闭引发全球金融海啸，多家上市公司倒闭或卖盘。我们不幸碰上了"黑天鹅"事件，刚刚代理的三星手机出现严重质量问题并导致严重亏损，还好我提前做了计划，充当"白武士"进行自救，如期偿还了十家银行的贷款。通过快速裁员和改变模式，深度分销改为供应链服务模式，从而幸运过关。

企业家不仅要讲信用，更要有讲信用的能力

十年后，当长子20岁生日时，我在写的一篇"给儿子的20岁生日礼物"的文章中提到："2007年金融海啸时遭遇亏损和挫折，好在我经商有两个底线，第一是讲信用，第二是在任何情况下都要让自己有讲信用的能力。"

那时候，我经常陷入深思和复盘，真正想明白了手机分销行业的天花板问题。我重新阅读了多本关于企业成功和失败的书籍，思考和总结了长寿企业的成功法则，其心得如下：

一是对环境变化要非常敏感，适者生存。

二是企业要有凝聚力，愿景、使命和价值观要清晰。

三是对人和事，甚至失败需要多宽容，永远拥抱创新和变革。

四是始终坚持财务保守，永远以古老的方式思考钱的意义。

早期投资，大都无功而返

从2008年长远公司转型重组后，我一直在思考如何成为百年老店并尝试多元化投资和并购。我投资过国产手机品牌"深爱"、珠海手机连锁店、张家

界的度假酒店、湖北的矿山等，但是这些投资都无功而返。

次贷危机和金融海啸后，我看见巴菲特开始抄底。经过深入研究，我惊讶地发现这家只有20多名员工以投资为主业的公司，居然成为全球第二大市值的上市公司，还创造了长达20多年回报率在22%以上的亮丽业绩。巴菲特的投资有两个特点：

一是坚持长期价值投资；

二是借助经济周期的波动进行逆向思维投资。

向巴菲特学习，提高对实业和投资差异的认知

我突然对生意的认知有所提升，我的生意是买卖产品，资产负债表里的库存是手机，而手机每天都在掉价，还会滞销或过时导致亏损。

巴菲特做的生意是买卖资产，包括股权、债券、黄金等，这些产品只要在相对低的时候买进，既能保值增值、长线持有，还有很强的流动性，什么时候想变现，按一下键就卖出去了，这是多么好的商业模式，这才是真正广义的生意。

我比较喜欢做长期的事情，不用天天对着电脑炒股，可以专心关注企业的成长。

不管是一级市场还是二级市场的投资，都应该注重企业的基本面和性价比，以巴菲特为偶像，我准备从实业转向投资。

2004年，好朋友邀请投资，我不为所动

2003年，四十不惑，但恰恰我开始迷茫，于是报名读了爱尔兰国立大学

的 IT 硕士课程，想看看互联网世界到底在发生什么变化？

同样，认真的我考取了第一名，还拿了甲等荣誉硕士，终于弥补了读本科时由于谈恋爱影响学业而错失荣誉学位的遗憾。

2004 年，好朋友"怡亚通"供应链创始人周国辉多次邀请我投资，但我不为所动。因为我固执地认为，好朋友之间不要因为钱而影响感情。

于是，我眼睁睁地看着赛富亚洲投资基金创始管理合伙人阎焱投资"怡亚通"，几年时间赚了近 10 亿元人民币。2007 年，获邀参与"怡亚通"上市敲钟仪式时，我才如梦初醒。

"创业老司机"终于坐不住了，转型创办"老鹰基金"

作为手机行业的老司机，从 2000 年就投资 WAP 手机上网项目，2009 年眼看移动互联网大时代来了，这是一个比 PC 互联网大十几倍的市场，参照日本 3G 的经验，我终于坐不住了，认定要建立创投品牌进入风险投资，学习巴菲特的长期价值投资，再加上"科技"概念。

我决心用 30 年时间，投资 1000 个科技创业项目，每一期基金要做到年化内部收益率（IRR）达到 35% 以上。未来其他合伙人负责中后期基金，我自己将长期亲自打理早期基金。

因为我非常热爱天使投资，我相信只有"创业老司机"加上不断刷新的科技认知，才能真正看懂项目，才能读懂谁是"真正的创业者"。

2012 年，我注册"老鹰基金"商标，第一期基金（上海长鹰）不敢找朋友募资，自己累计出资 1.2 亿元人民币，连续 3 年投资了 50 多个早期项目。

老鹰资本控股，创投圈生态布局

在创投圈多年，我不知不觉中做了个小的生态布局。我出资给多家机构做LP，包括天使百人会种子基金、镭厉资本、硅谷F50基金、硅谷L2 Venture基金等。同时，我入股多家GP管理公司，包括新龙脉控股、盛世投资、元和资本、君紫资本等。另外，我还发起了多只地方基金：成都老鹰易真、杭州老鹰、港京基金，海外参股洛杉矶海鹰、波士顿天使基金，初步形成了一个老鹰资本控股的原型。

截至2019年年底，老鹰基金累计投资超过200个创业项目。值得一提的是，我和天使百人会曲敬东副理事长合作的新龙脉控股的几只基金也进入收获期，有多个项目上市和正在报材料。

2020年也是老鹰资本控股第一期美元基金的元年，围绕"科技创新"投资A轮以后的项目，我们起了个响亮的名字叫"老鹰独角兽基金"，其实这是参照了孙正义的"软银愿景基金"。

刘新说

天使百人会教育投资委副主任

天使百人会科幻俱乐部副部长

天使百人会文艺俱乐部副部长

MBDK 国际集团董事长

极创资本创始合伙人

俄罗斯人民友谊大学大中华区校友会会长

俄罗斯人民友谊大学本硕博

北京大学国家发展研究院 EMBA

1999 年第三次创业，创立了 MBDK 国际集团的第一家公司。经过多年的深耕，在俄罗斯、中国、美国等 7 个国家建立了 27 家企业。设立莫斯科、北京、硅谷三个管理中心，主营业务包括投资、贸易、教育三大板块。

我就是传说中那个腾讯股票拿了 10 年的人

他是一个艺术家？

练过 10 年芭蕾，7 年民间舞和现代舞。

他是一个创业者？

大学一年级就开始创业，连续三次创业。

他是一个企业家？

在全球 7 个国家，拥有 27 家控股企业。

他是一个炒股高手？

初入股市就八位数巨额亏损，却说赔得早赔得好。

他是一个投资高人？

既是 LP（Limited Partner，有限合伙人），又是 GP（General Partner，普通合伙人），转战 PE、VC 和天使投资。

……

他不仅在聚光灯下的舞台上翩翩起舞，而且在人生的舞台上同样长袖善舞。

他就是天使百人会 2018 年认证群新人、MBDK 国际集团董事长刘新先生。

在 2018 年天使百人会迎新晚宴上，他无私地分享了自己的人生故事，同时他说："我属于那种比较爱折腾的孩子。"

"我高中没毕业就出国了"

高中还没毕业，我就自己办护照、办签证到俄罗斯留学。

我的家族有海外留学传统。爷爷是老家县史上记载的第一个留学生，毕业于美国西北大学；外公则留学日本医科大学。

我们家祖孙三代，都是科研技术类专业人士，唯有我经商。

与父亲不同的是，我母亲艺术专业出身，我继承了她的艺术基因。从小学舞蹈，练了10年芭蕾、7年民间舞和现代舞。

虽然我经商多年，但骨子里还有对艺术的热情。用我太太的话来说，我是那种很容易点燃身边一群朋友的人。

"我具有俄罗斯战斗民族的性格"

大家看我说话时的感觉可能不太像中国人，因为我17岁半就去了俄罗斯，2018年我43岁，大半人生都在俄罗斯度过，已经养成了俄罗斯战斗民族的性格，简单明了，直接不绕弯。

俄罗斯人做事主要认人。我跟你做了第一单，如果靠得住，那这辈子我就认你了。

我的合作伙伴年龄最大的是1937年出生的，最小的也是1963年出生的，比我大一轮。

普京总统上台前的俄罗斯确实挺吓人，找不到安全感。我曾经被绑架了两次，有一次差点被撕票。

天使百人会成长印记：中国天使投资人百炼成钢

这些年我在俄罗斯开始做减法，在售房地产还有近十万平方米。

我们在 7 个国家有 27 家控股企业

我在俄罗斯 25 年，本硕博连读新闻专业，前俄罗斯教育部部长是我的恩师。

我大学一年级下学期就在莫斯科开始了第一次创业。后来又再次创业，两次都很成功。由于太年轻，又碰上经济危机，很快折了进去。

1999 年本科毕业，我和太太一起第三次创业。历经 19 年，我们共同创办了 MBDK 国际集团。

MBDK 国际集团在中国、俄罗斯和美国等 7 个国家拥有 27 家控股企业。

最初涉及 22 个产业，后来压缩为 3 个，即投资、贸易和教育。

"初入股市就巨亏，赔得早又赔得好"

我做投资已经快 11 年了。不可思议的是，最初我不仅对资本市场完全没概念，而且还特别排斥。

我讨厌炒股，也讨厌投资，觉得那些都是投机取巧、巧取豪夺。

2007 年，儿子在北京出生，我做了 10 个月全职老公和全职爸爸。闲极无聊，我开始关注国内股市。

当时，我有笔八位数回款转到了国内。碰巧，我刚刚读了王石的一本书，觉得万科不错。于是，在万科增发股价最高点的时候，我进场了。前前后后买了十几只股票，第二年清盘，总共赔了 85%。

这辈子我都不会忘记那段时光。回望过去，尽管交了高达八位数的巨额学费，还是赔得早又赔得好。因为正是从这次惨痛的经历，我学到了最宝贵的炒股"心经"。

从遍地开花到仅持有 4 只股票

从过去炒股遍地开花到现在，我学会了专一，坚持价值投资，长期坚定持有。

过去 10 年只做了 3 只国内股票和 1 只美国股票。其中，腾讯持有 10 年，舜宇光学持有近 4 年，英伟达也持有近 4 年。

我最开始买腾讯股票，其实是拍脑袋决定的。因为大家都在用 QQ，我觉得未来一定是一个巨大的端口。于是，我全部投进了腾讯。当腾讯股价 476.6 港元时，其中第一笔投资已经翻了 100 多倍。

10 年来，我一直不停地买入腾讯，最近一笔的价格是 2018 年春节前一周的 399 港元，其间基本没有卖出过。我就是那个传说中腾讯股票拿了 10 年的人。

2008 年我做出重大的人生抉择，将工作重心逐渐转移到了中国。

当年，我读了北京大学国家发展研究院 EMBA，很幸运成为周其仁老师的亲传弟子。我跟着他去了很多国家、地方和企业，学习了很多知识。

在北京大学学习后，我专业地选择了 2 只股票，即舜宇光学和英伟达。

"刚开始，我是最典型的 LP，人傻、钱多、海归"

2010 年，我真正开始做 PE（Private Equity，私募股权投资），投了 7 个项目，没折损 1 个，每个项目都发展得很好。该上市的上市，该并购的并购。

刚开始，我是最典型的 LP（Limited Partner，有限合伙人），人傻、钱多、海归。我是很多家基金的 LP，但我的要求是，"你看项目我必须参加"。差

天使百人会成长印记：中国天使投资人百炼成钢

不多有三四年，我没干别的，全看项目了。作为 LP 我一年要看 100 多个项目。

我转型 GP（General Partner，普通合伙人）还不到 3 年。因为 LP 出身，对钱并没有太大需求，反而赢得了一些 LP 的信任。

我主要向国外投资，但我真正的本事都是在国内学的。我境内外项目投资比例是 1∶5。每年，我会看国内 100 多个项目，而境外则不会超过 20 个。

"加入天使百人会是我的幸运"

近十年虽然经常回国，但我对国内圈子的选择很挑剔。

加入天使百人会前，我在国内只有一个北大圈子。

北京大学国家发展研究院有不到 2000 名的 EMBA 学生、不到 3000 名的 MBA 学生和近 1 万名的双学位学生，他们大部分都认识我。因为连续数次大型校园活动，我都曾担任总导演或艺术总监。

坦率地说，曾有若干个投资组织邀我入会。

我的北京大学同学、天使百人会执委张杰说："大新，你别折腾了，就进天使百人会吧！"他介绍不到半个小时，我就欣然同意。

天使百人会是唯一一个我主动要求加入的组织。

第二次来参加天使百人会的活动，我就告诉胡雪琴秘书长："看来加入天使百人会真是找对了组织。我特别高兴，也特别幸运。会里推荐的项目不仅质量高，会上的气氛也特别棒！"

加入天使百人会，我只有两个诉求：

第一，这是我在中国的第二个圈子，我很珍惜，也会很快融入。

第二，我有天使项目需求。那些 PE 项目太贵了，特别是前几年，贵得离谱，开口就要求 15 ~ 20 倍。上市后股值才能翻几倍啊？！让人崩溃。无奈之下，我被迫转投天使项目。

毛海说

天使百人会 AI 投资委委员

中国汽车零部件工业有限公司副董事长

中汽创汽车零部件投资控股有限公司总经理

国投长期投资基金（北京）管理有限公司董事长

美国汽车创新技术研发中心 CEO

北京大学 EMBA

曾担任北京汽车股份有限公司（香港上市公司）副总经理，北京通用航空集团公司副总经理，北京汽车集团经济管理研究所所长、发展总监。参与创办北汽集团下属的北汽投资公司、北京现代汽车公司、北汽股份公司及二十多家汽车零部件和服务贸易公司。

长期从事企业战略管理、企业内部治理、品牌管理及人力资源管理。

一位投资人的三大人生转折点

从国企一把手到自由投资人，从中关村到硅谷，再从硅谷回到中关村，我的人生之路可谓波澜壮阔，丰富多彩。

第一个人生转折点：一起吃碗面

我出生在北京，但幼时随父母被遣回老家四川省自贡市。毕业后，我被分配到一家军工厂团委工作。

其间，到四川大学新闻系攻读了新闻专业。毕业后，我正想换工作，但心头有点迷茫。

有一天，从北京来了一位亚洲电视艺术中心主编，我晚上给他送一封信。他问我："吃饭了吗？"我老实答道："还没呢！"他说："那咱俩一起煮面吃吧！"我们一边煮面一边唠嗑。听说我是四川大学新闻专业毕业，他问："想不想到北京工作？"我当然求之不得。

印象非常深，大概半个月后，1991年大年初二，我拎着两个包坐上火车，就回到了北京。

第二个人生转折点：一次庆生宴

2002年6月20日，我参加一位北京市政府朋友的庆生宴，得知要组建北京现代汽车有限公司。后来，那位朋友也很快去北京现代汽车有限公司当了副总。

其时，我在媒体已经工作了整整十年，迫切想换个环境，到企业去历练历练，于是，我就到了北京汽车投资有限公司（简称"北汽投资"），它是北京汽车股份有限公司（简称"北京汽车"）所有板块的投资方，即股东方。我从此踏上了一条全新的汽车投资新跑道。

我从北汽投资总经理助理起步到副总经理，再到北京汽车副总裁，一路打拼一路辉煌。2002年，北京汽车和韩国现代开始合资筹建工厂，很快就在汽车界创造了一个神话。

从双方代表谈判、签署合资协议，到成立公司，组建生产线，最后汽车下线、面市销售，仅用了半年时间，被业界称为"现代速度"。

2002年，北汽现代中韩双方各投资12亿元人民币，共24亿元。没想到，2003年北汽销售税后利润近22亿元。头年投资第二年回本，投资收益率近100%。2004年，我们一分钱没投，但税后利润高达35亿元。

特别幸运的是，我们赶上了2003年中国汽车井喷式发展的元年。因为2002年，中国汽车总销量只有245万辆；但2003年，销量上升到450万辆，几乎翻了一番。

中国汽车产业的发展路径，从正面来说，我们迅速融入全球汽车发展的潮流之中，学到了很多；但从负面来说，我们错失了中国自主品牌汽车发展的宝贵时间窗口。这也是直到现在产业界都还争论不休的原因。

从2002年到2014年，我亲自参与的12年内，北京汽车已发展为北汽集团，员工数量从1.2万人增长到13万人，年销售额从68亿元飙升到4500亿元；创办的公司超过100家，如北京现代、北京奔驰等。

另外，凭借"中国汽车产业海外战略"课题，我带领团队获得过全国科技进步二等奖，这是软科学的最高奖项。可以说，在北京汽车工作的12年，通过带领团队艰苦奋斗，我登上了自己人生事业的最高峰。

第三个人生转折点：一个项目

在北京汽车工作的12年，是我人生辉煌的12年，难免有点自我膨胀。有语云："你以为自己很厉害，其实是平台厉害。离开了平台，你什么都不是。"

离开平台的毛海，能不能再创辉煌？这不仅仅是朋友们心中的问题，也是我经常扪心自问的问题。

2014年，我离开北汽集团，到硅谷待了几年；2018年，我回国开始组建投资公司，相当于二次创业。

过去我在北汽投资，位高权重，但现在，事事亲力亲为，从租房子、招聘员工，到跑客户、研发产品都要亲自上阵，确实有些落差，但我也切实感受到一个投资人的喜悦与成就感。迄今为止，我投的4个项目都非常成功，首推"华北轻合金"项目。

这是一个家族企业，已有20多年历史。子承父业，做镁合金材料。我不仅投资了它，而且深度赋能，让企业脱胎换骨。现在公司估值5亿多元，2021年会达到9亿元。

首先，从规划开始，我用了8个月，组织专家把整个规划重新捋了一遍，从产品开发到产线布置、团队组建，再到销售渠道建设。

其次，我们要把规划落到实处。比如，从投资建新厂到招聘员工，以及搭建销售渠道等。

最后，我还要帮助公司融资和上市。迄今为止，我已经帮公司融了5亿元。2021年我们计划能拿到15亿元的订单，仅华为一家就达数亿元。相信不久的将来，华北轻合金必将登顶资本市场。

石继强说

天使百人会医疗大健康投资委主任

申才资本创始合伙人

精一智造科技有限公司执行董事

曾任未来科技合伙人，浙商集团投资总监；天津泰达科技风险投资股份有限公司董事副总经理，其间主导投资了"青海春天"（股票代码：600381）、"天津松江"（股票代码：600225）等项目，负责完成了下属上市公司"青海明胶"的并购重组。

2017年创办申才资本，主要以国有资金为主，进行天使、PE、VC、MA全产业链的投资，聚焦于TMT、医疗大健康行业。

腾讯众创空间（天津）背后的故事

"我属于被动创业，上了'贼船'。"

2016年7月28日，在乔迁理事长带队下，天使百人会一行赴天津于家堡，走进本会家人石继强先生的公司——未来科技有限公司（简称"未来"）时，他如是感叹。

作为腾讯众创空间（天津）的运营商，腾讯京津冀合作伙伴，未来非常引人注目。

上至国家部委，下至各省大员，还有军队武警，乃至高校科研院所，前来考察、取经、交流、咨询者，络绎不绝。就在我们参访当天，就有三拨儿来客同期拜访。

腾讯众创空间（天津）也博得了媒体的广泛关注，从央视到网络媒体、平面媒体，从传统媒体到新兴媒体，更别说投资人的关注、创业者的追捧了。

当前，各地孵化器层出不穷，倒闭者时有耳闻，腾讯众创空间（天津）为何能做得风生水起？

且听其掌门人、未来科技有限公司执行董事石继强先生的故事。

投资人的三级蜕变

执掌腾讯众创空间（天津）的运营无疑给石继强的人生带来了巨变——从一名投资人再度变成创业者。

"过去，我过得非常轻松，是高尔夫的深度拥趸。每周打好几天高尔夫，经常到全国各地知名球场与球友切磋。"

但未来彻底改变了他的生活方式，甚至差点摧毁了他的健康。

"有天早上醒来后，我突然连床都下不了了，不明原因地全身疼痛，最后被送到医院。整整输了一天液，才允许出院，原因是过度疲劳。"

开始，他费心找了一位董事长兼总经理的最佳女性人选。原以为，未来交给她，自己可以放心当甩手掌柜了。

没想到，这位女士结婚多年始终未孕，但她到未来上班刚一个多月，居然怀孕了，被迫退出正常工作。

这样，石继强从投资人变成了董事长。

他先后又高薪聘请了三位顶级的总经理，结果，水土不服，先后走人。

于是，他沉下心，培养自己的团队。

石继强自嘲："我从投资人变成了董事长、总经理，同时身兼业务员，亲自扎到北京找项目。"

大约过了三个月，就在这位"业务员"到北京开会期间，突然，"一个电话没有，一个短信也没有了"——他悉心打造的团队终于成熟了。

做投资要经得起"拖"

据石继强透露，在腾讯众创空间（天津）开业之初，他们曾经调研一家孵化器，年亏损3000万元。

"放眼全球，没有任何一家孵化器仅靠孵化能生存。"

孵化器靠什么活下来？靠投资。"说到底，未来也是一家创业公司。活下来是最重要的。"

"做孵化器要有 VC 或 PE 经历，而非天使投资人经历。"

在石继强看来，天使投资人大都比较感性，投资时往往会有些情感因素。

但 VC 或 PE 则很理性。

石继强说："我们要尊重资本。"

理性成为他鲜明的个性标签。"先拖拖再说"，成为石继强的口头禅。

在唯快不破的今天，"拖，会不会错失项目的投资机会？"

他回答道："如果错过了，那就说明它不是你的。"

在拖延中，不仅考验了创业者的心性，也让项目的各种瑕疵原形毕露，这样更便于投资人的理性判断。

未来要给创业者添上一笔

走进腾讯众创空间（天津），我们也体验到了像 Google、Facebook 那样的办公环境。

那静谧的创业氛围、多彩曼妙的创业空间、功能完备的创业设施、现代化的办公设备无不让人惊艳。

项目路演中心则是中国第一家环形 360° 展示大厅，成为创业者充分表达自我的舞台。

在天使百人会参访期间，石继强在此充当了一把创业者，为我们介绍了未来的发展前景。

作为专业投资人，石继强将腾讯众创空间（天津）完全变成了投资平台。

目前，有近 50 家优质创业团队入驻。据了解，石继强均不同程度地参与

天使百人会成长印记：中国天使投资人百炼成钢

了投资。凡是绝对看好的项目绝不手软，其中一家投资占比高达40%。

入驻的团队中，有的上了新三板，有的获得了C轮融资，有的在洽谈被并购中。

在决定走访石继强的公司时，我们突然碰到拦路虎，耒来的"耒"不认识，为何要取这样一个生僻字做公司名呢？

石继强解析道，"未来"的"未"加了一笔，即"耒（lěi）来"，寓意"我们要给创业者的未来添上一笔，助一臂之力"。

诚如他反复强调的那样："做孵化器要有公益心，急功近利不可行。"

做孵化器要具备三大核心能力

第一，要有企业管理经验。

第二，要有VC或PE投资经验。

第三，要有资源整合能力。

无论是腾讯对众创空间诸多资源扶持的人和，还是于家堡要打造为"天津陆家嘴"的地利，抑或是"双创热潮"汹涌澎湃的天时，在石继强看来，这些都是可以整合的资源。"一切为未来所用，一切为创业者所用。"

孙国富说

天使百人会基金合作委主任

天使百人会木工俱乐部部长

华澍资本创始人兼 CEO

清大华澍（厦门）投资管理有限公司董事长

中国社会科学院金融博士班结业

清华大学精密仪器系工学博士

曾任北京贝尔实验室主任，北大方正集团及其控股企业高管，以及北大方正集团技术投资委员会负责人。2015 年创立北京华澍资本管理中心（有限合伙），专职从事股权投资，目前管理基金规模数十亿元，累计管理投资项目总金额超过百亿元。

天使百人会成长印记：中国天使投资人百炼成钢

关键时刻要能豁出去

"半年不回家，看完一屋子的资料。"

"上班第一天就碰到一个大骗子。"

"谈判 45 天，每天仅睡 2 小时。"

……

2017 年 3 月 7 日，在第 7 期天使百人会走进家人企业活动中，当本会理事长乔迁先生亲率 20 人来到天使百人会家人、华澍资本创始人、清大华澍（厦门）投资管理有限公司董事长孙国富的北京办公室时，他向我们坦诚地分享了自己的人生故事。

"奶奶给了我一盒烟"

由于弟弟从小体弱，需要父母专心照顾，孙国富从记事起每晚跟奶奶"通腿儿"睡。

奶奶几乎每晚都会给他讲一个故事，看似不着边际，实则为他奠定了"三观"。

奶奶是一位地地道道的农村妇女，一字不识，但却充满智慧。

出生在山西高平农村的他，小学在本村就读，"基本上就放羊了"。在长治当中学老师的舅舅怕他荒废学业，便带他到自己任教的长治县一中读书。

临行前，奶奶特地给了他一盒烟，"你到外地读书，人生地不熟。要是找人问路，一定要先递给人家一支烟。一包 20 支烟，问 20 次也够了"。

在孙国富的身上，家风似乎触手可及。

他说："我们家人说话永远是非常具体的，时间、地点交代得清清楚楚，绝不会含糊不清。"

"我奶奶会说：'民国三十年，是个夏天光景，在咱们村发生过一件什么什么事。'"

"我是一个很好奇的人。小时候家里很穷，但我还是把家里能拆的东西都拆了。可家人从来不骂我，反而很鼓励，'只要你弄明白怎么回事儿就行，（东西）坏就坏了'。"

"你领导得了我吗？"

2001年从清华博士毕业，自动化专业的他却对通信很痴迷，如愿以偿来到一家阿尔卡特和铁道部的合资公司——北京贝尔。

孙国富意外当上了部门主管，却备感痛苦，因为他对通信还是个门外汉。

2001年3月22日，他到公司报到。铁通要投巨资做智能网，4天后召开项目会。

公司专门成立一个十几人的小组，让孙国富担任小组长，还有两位副组长。其中一位副组长很老实，另一位却特别傲气。就在开会当天，当着全组人的面，那位副组长开始向孙国富发难了。

"国富，听说你是清华毕业的。"

孙国富回答："是。"

"听说你不是学通信的？"

孙国富回答："是。"

"听说你要领导我?"

孙国富回答:"是。"

"你领导得了我吗?"

孙国富回答:"我确实是清华毕业,我确实不是学通信的,我也不想领导你,但总裁安排了。现在我也领导不了你,但半年后见。"

从此,他开始了苦读生涯。公司有个图书室,里面有很多英文版的通信资料。他在公司附近租了一间房,每天下班后,就拿上资料到房中苦读,整整半年几乎没回过家。

9月26日,他终于将满屋子资料看完了,完成了从外行到内行的蜕变。

9月底,他率团队参加招标,胸有成竹地登台主讲,赢得第一名。

活动结束后,那位副组长诚恳地对孙国富说:"孙博士,我服你了。"从此,他们成为兄弟。

"我给方正挽回了7000万元损失"

"外企不是我的归宿,我还是有点家国情怀的,想到国企工作。"

2003年,孙国富告别贝尔公司来到方正,担任方正科技研发中心总工。

9月30日,刚接手第一天就来了个骗子公司。

公司准备投1.5亿元开展VOIP话机业务,即互联网电话。对方是一位姓谭的加拿大籍华裔,声称已经签了一个10万台的订单,客户是铁通广东分公司。

10万台订单,每台800元,共计8000万元入股,占51%,而方正投入8000万元现金,占股49%。

时任公司董事长把资料递给孙国富,"你看投不投?我们已经投了1000

万元，准备再投 7000 万元。"

孙国富说："不可能。这种话机的成本已经降到两三百元，所有的整机解决方案我都有所了解。"

"'这个 10 万台订单可能是骗局。'我打电话一问果然如此，对方说根本没这回事。"

"我就给谭某打电话，他从来不接。接了，要么就说在机场，要么就说刚下飞机到宾馆。"

我们赶紧把人撤了回来。

"我 9 月 30 日上班接手，国庆长假后 10 月 8 日上班，这个方案就终止了。我给方正挽回了 7000 万元损失。"

"这个人必须到集团来工作"

2003 年 10 月底，一群韩国人来中国投资半导体厂。他们与北大方正相关人员谈了两年多，标的大概为 8000 万美元，谈判陷入僵局。

时任方正集团的领导说："我们谈了两年多谈不下去了，方正科技这边能不能派个人？"孙国富被选中了。

过去双方谈判都是这边 10 人，那边 10 人。孙国富说："我的技术没问题，英语也没问题，我只要一个法务总监。"

"我赶到深圳谈判，一连谈了 45 天，每天只睡 2 小时。"

"早晨 9 点钟开始谈，谈到第二天凌晨三四点。回到宾馆，我再准备第二天的谈判资料，基本上就到了 6 点钟，休息一会儿，8 点钟起来吃早餐，又开始新一天的谈判。"

天使百人会成长印记：中国天使投资人百炼成钢

"我准备了100个问题，每个问题3个答案，分别是最优条件、次优条件和可接受条件。"

"经过45天谈判后，100个问题中，有95个是最优条件，有三四个是次优条件，只有一两个是可接受条件。"

等孙国富从深圳回京复命后，方正集团董事会开会说："这个人必须到集团来工作。"

但后来，由于方正科技缺人，他被任命为总工程师兼副总裁，兼任方正集团技术投资委员会负责人和首席涉外谈判专家。

"从2003年到2012年年底，10年中，我经手的投资项目总额100多亿元，总体投资回报率接近30%。"

人生下半场重回清华

孙国富的人生上半场大部分在北大方正度过，但他下半场重归清华。

2015年，孙国富创立华澍资本。

2016年，华澍资本和清华海峡研究院合作成立了清大华澍（厦门）投资管理有限公司，孙国富出任董事长。

2017年，孙国富出任清华海峡研究院基金事业部主任。

清华海峡研究院由海峡两岸清华大学和厦门市政府联合打造，意在整合两岸清华资源，共同发展。

据该研究院常务副院长郭樑先生介绍，清华共建了5个地方研究院，主要孵化高校项目，尤其是清华大学产学研项目，同时助力地方经济的发展。

第一个研究院是深圳清华研究院，20年共孵化了1500家企业，投资了

300家企业，其中20家企业上市，获得了广东省人民政府颁发的科技特等奖。

孙国富说："清华海峡研究院2017年落实了3个'50'——拜访50家校友所在的国家重点实验室；拜访50家校友上市企业；拜访50个校友所在的地方政府。"

"为什么说天使百人会基业长青？"

"有人说：'资本都是嗜血的，天使投资真不是。当创业者刚刚起步时，天使投资人就给他银子。'"

孙国富说："天使投资人都很伟大。天使投资就像做好事，有时候想想，做梦都会笑醒。"

"为什么说咱们天使百人会基业长青？"孙国富做了如下解析。

第一，天使百人会的主体是企业家。

"咱们做企业的来做投资，拥有天然的优势，对项目、技术和市场的把控都非常好。"

第二，天使百人会拥有数百位会员。

我们是资源型投资，而非财务投资。我们有能力汇聚各种资源，帮助创业项目更好发展。

第三，天使百人会是一个有情怀的组织。

"有情怀是什么概念？我们有可能孵化，比如1000个，持有期10年以上的创业项目。我认为，这不一定是天方夜谭。"

"中国改革开放近40年，再过10年，我们怕什么？我们有耐心做时间的朋友。"

孙国富投资语录：

我不看好共享单车

某网约车在240亿元估值时，我们可以进，但没进。这种"独角兽"听起来很刺激，但二级市场对其接受起来有很大难度，怎么退出？

共享单车是巨石形市场，将来一定不超过三家公司。2015年就有人来找过我们，思路和现在的共享单车一模一样，但我就没投。

共享单车本身并非流量入口，也不是靠运营能赚钱的业务。

平台是个悖论

创业者一开口就要做平台，其实平台是个悖论，世界上没有一个平台会让你做。

只有把一件产品做到极致，把增值服务做到极致，才能最后变成平台。

马云如果一开始就光想着做平台，那他的创业也一定会"死"在半路上。

"互联网+"可能也是个悖论

"互联网+"不是万能的。如果仅仅认为业务搭上了互联网，就可以当成生存之本，那么基本上没有一家公司能活下来。

互联网只是一个效率工具，业务才是本质。当符合用户需求的业务插上互联网的翅膀时，才会拥有竞争优势。

汤旭东说

天使百人会理事

天使百人会 TMT 投资委主任

天使百人会桥牌俱乐部部长

北京创势资本管理有限公司董事长

北大光华 EMBA

中国第一批创业投资人。先后担任北京高新技术创业投资股份有限公司投资部副总经理、新开发创业投资基金副总裁、泰康人寿集团投资总监、高林资本创始合伙人。拥有超过 20 年的天使投资经验，投资项目超过 60 个，部分项目实现百倍回报退出。

天使百人会成长印记：中国天使投资人百炼成钢

投资人是如何炼成的

说到投资人，我们可能会立马想到喝红酒、打高尔夫、开豪车等高大上的场景，与正在艰苦打拼的创业者相比，投资人的形象无疑光鲜亮丽得多。事实果真如此吗？

天使百人会TMT投资委主任、北京创势资本管理有限公司（简称"创势资本"）董事长汤旭东先生坦诚地述说了他的成长经历。作为一位投资人，他同样是从一无所有的"小虾米"，经历了困惑、挣扎、磨合和追寻梦想，最终破茧而出，直至创立了创势资本。

没有随随便便的成功，投资人同样需要经历九九八十一难的磨炼。从一定意义上说：投资人与创业者是追寻各自梦想的同路人。

中国第一批投资人

1998年3月全国两会，成思危代表民建中央提交了1号提案《关于尽快发展我国风险投资事业的提案》，被媒体称为"1号提案引爆中国投资风潮"，成思危因此被誉为"中国VC之父"。

同年11月，中国第一家风投公司——北京创业投资公司（简称"北创投"）开张面世，毕业刚两年、财务出身的汤旭东就踩准了时点，投身其中，成为中国第一批投资人，从此开始了他的投资生涯。

"当时模式很简单，科技人员占干股3成，资本占7成。我拎着包，跑中科院、清华、北大，主要做科技成果转化。"汤旭东很感慨，"现在回想起来，才知道那时做的是天使投资。"

汤旭东提到了一个令人难忘的锂电池项目。这个项目是由中科院一位从日本归来的人士主导的，产品性能与日本产品很相近，但价格有明显优势。

北创投投了700万元，占股70%，做了一个生产基地。原本想大干一场，没想到碰到国内一个强有力的竞争对手，他们浩浩荡荡养了几千人，手工卷电池，性能虽然差很多，但价格极其低廉，"价格战把我们打得很惨"。不过，在高端摄像机电池上，终于把日本产品取代了，但毕竟是小众市场，企业最终被收购了。

与此同时，国企的一些问题开始显现。仿佛北创投的姊妹篇，深创投（深圳创业投资公司）也于第二年成立。但他们开始就设立了良好的激励机制，投资项目利润的一半可以分给团队，这一招盘活了整盘棋，北创投却始终没有出招。

"从1998年做到2006年，我们的钱投完了，激励机制也没等到，无奈退出，我最终大概拿了3万元奖金。"曲终落寞之感油然而生。

转战台企"新开发创投"

新开发创投是由台湾赫赫有名的胡定吾到大陆创立的，规模达到16亿元，第一个拿到中关村引导基金1.5亿元。这个团队的精细化管理让汤旭东感触颇深，规章制度、访谈记录一应俱全。"这种专业化程度，无论外企还是国企，到现在都很难做到。"

汤旭东从此开始了PE生涯。但遗憾的是，新开发创投超前的投资理念让其成为先烈。"当时，台湾团队就开始喜欢互联网这些轻资产公司了，但大陆股市恰恰看重的是重资产公司。中小板刚出来，完全是重资产公司。"台湾团队的理念由于太超前而成为先烈。

"我们当年放弃的很多项目，后来都上市了。"汤旭东向台湾管理层提出异议，但并未被采纳。2008年，他只好黯然离职。"那两年，我们错过了太多的机会。"

泰康松禾，遭遇 PE 式微

因为寄希望于险资放开的直投政策，汤旭东栖身于泰康人寿，成立了高林资本。大老板说了算，投了四个项目，其中就有沈南鹏的红杉资本。不过，"给泰康打工不是我的职业方向"。

2012 年年初，他又辗转到了厉伟的松禾资本。其间，投资业绩还不错，有 1 家企业上市，2 家企业借壳上市，还有十几个项目在 IPO 排队。

但中国的投资环境已经发生了巨变。经过十几年的孵化，从开始的懵懂无知到现在的日渐成熟。中资、外资、民营，各路大佬的市场拼杀，使得该领域快速成长，过去那种粗放的运作模式已经难以为继，专业化、细分化成为发展的必然趋势。

"PE 这个事差不多已经结束了。因为大量的企业在 IPO 排队，该投的基本都投完了，加之一二级市场价差非常有限。"投资界开始认识到，往前端走，回归天使成为必然。而汤旭东经过 16 年的职场打拼，发现自主创业才是初心。

做投资是单纯逐利还是帮助别人？这个问题的答案厘清了他的方向。前者让很多职业投资人都心生厌倦，汤旭东也不例外。他终于整合资源，做了 2 亿元的盘子，自立门户，"创势资本"问世了。

回归天使，自主创业方正途

做天使投资，与创业者面对面，乃至并肩战斗，也许更符合汤旭东的价值取向。与 VC、PE 不同的是，投后帮扶更重要。天使投资项目都处于幼苗期，如果不及时浇水灌溉，或许会半途夭折。

汤旭东举例说，他们曾经投资了一个项目叫"小能科技"，是电商在线促销工具。基于网民购物大数据分析，当你退出 IE 时，它就会弹出一个打折、优惠券之类的提示框。传统电商的广告转化率很低，只有10%左右，但小能科技却能提高到30%。

"我们刚投时，才仅有一个客户，做奢侈品的寺库网。后来，我们拼命给他介绍客户，一年介绍了200多个电商客户，像聚美优品、凡客之类的。今年就有了近5000家电商客户。"

汤旭东不无欣慰，"我们投了200万元人民币，估值1000万元人民币。今年软银赛富投资基金合伙人羊东又投了500万美元，估值3亿元人民币。一年翻了30倍，早期项目还是很有机会的。"

无论是帮扶上的成就感还是资本的回报率，都让汤旭东收获颇丰。也许，这是一次不错的选择。

张翊钦说

天使百人会教育投资委委员

中关村大河资本创始合伙人

丰台新动能基金投委会主任

中关村高端领军人才（投资家）

环球大数据研究中心专家工作委员会委员

人文经济学会荣誉理事

《中国经济学人》公众号编委

历任搜狐公司产品技术中心总监，中国移动 12580 副总裁，海航集团互联网业务公司总裁等职务。现主要从事风险投资和公益基金管理工作，聚焦科技与消费领域。作为大河融科、北软天使、丰台新动能等多只基金的投委会成员，已主导投资了 30 多个早期项目。

一位中关村互联网人向天使投资人的转型

我是一个老互联网人，20年前开始触网，做个人站长。后来，我从搜狐到中国移动再到海航集团，做了10年职业经理人，但一直没有离开互联网。

我又是一个业余的投资人，算是典型的3F群体（Family、Friend、Fool）。

工作期间，我也会偶尔做点小投资，其实就是现在红火的天使投资，拿出三五十万元投一下周边的同事朋友。

机缘巧合的是，我一个搜狐的老同事、天使百人会常务副理事长王童，他和我有同样的经历，也有同样的梦想。我们都有过业余投资的成功案例，他投了途牛旅游，我投了墨迹天气。

于是，2013年，我们俩走到了一起，想自立门户做个小基金——北软天使（大河创投前身），规模5000万元。

第一只基金意外从5000万元增到9000万元

对于我们两个打工仔来说，尽管拿过百万年薪，但5000万元已经足够大了。我们俩凑了1000多万元；又找了30多个原搜狐同事，每人出50万元，一共约2000万元；再与软交所合作，5000万元完成。

但就在这时，我们碰到天使百人会理事长乔迁等几位大哥，他们每个人都投了1000万元，于是，我们基金的规模迅速地增长到9000万元。就在这时，还有LP要进，但我和王童商量决定第一期就此打住，于是开始投资。

但我俩都没做过专业投资。我们原本还开玩笑说，先找个投资公司去打工，可惜没拿到合适的录取通知书。

现在银子已经到手，LP 都急火火地看着，我们必须立即披挂上阵。

怎么办？我们就从自己的老本行切入，专注投资互联网。

我们做过互联网创业，也做过互联网企业管理，熟悉互联网公司的运营和技术人员的心态，我们要做最有同理心的投资人。事实上，我们与互联网创业者也特别有共鸣。

从 2013 年到 2015 年，中国的天使投资风生水起，我们乘势而上，收获颇丰。

我们骨子里还是很有创业者的精神的

2014 年，刘志硕从基金的 LP 变成合伙人加入进来，他也是天使百人会的发起人之一。他的能力和资源都很强，一下子让我们的基金发生巨变。

开始做 A 轮的 6 亿元人民币，投资中国—加拿大的创业项目；后来又做了聚焦 IPO 的 100 亿元中关村龙门基金和数百亿元的并购母基金。

因为刘志硕、王童和我都有创业的背景，所以我们骨子里面还是很有创业者的精神的。我们把投资当成创业来做，追求环比增长速度，追求基金规模，也有 KPI 考核，我们在基金团队中倡导做更好的自己。

5 年来，大河资本从 9000 万元天使基金发展到天使、并购、VC 再到 IPO，我们打造了全周期的投资生态链。

我们希望不错过伟大时代的创业家

这是一个伟大的时代，

这是一个中国崛起的时代，

这是一个中国诞生世界级企业家的时代。

我们顺势而为，绝不错过这个时代的创业家。

如果天使没投上，我们就投 VC 阶段。

如果 VC 没投上，我们就投 Pre-IPO。

如果 IPO 没赶上，我们就等你上市后给你提供并购服务。

我们用好手上的各种工具，服务好这个时代最伟大的企业家。

未来的 10 ~ 20 年，我们相信，这也是一个中国诞生本土世界级投资基金（集团）的时代。成人达己，这也是我们的希望和梦想！

投资越做越有意义

如果说开始出于好奇做投资，但随着时间的推移，我越来越喜欢投资这个职业。

原因有三：

第一，我获得了成长

过去在公司打工可能两三年都在同一个业务线工作，很难接触新事物。

但投资不一样，你每天都会碰到不同的创业项目，其中有很多优秀的创业者，他们有各种奇思妙想，刺激你不断学习、了解和决策。

第二，我可以一辈子不退休

像巴菲特快 90 岁还在做投资。最近他的一个传统企业股票一夜之间跌了 30% 多，损失了一两百亿美元。即使他这么成功，这么高龄，还会在投资上犯错误，这很有意思。

第三，我们保持和时代同步

作为投资人，我们与创业者同行，一同改写世界。我们或将投出未来的BAT，作为其天使投资人，我们将如同阿里巴巴的投资人孙正义一样被历史铭记。

朱斌说

天使百人会基金合作委副主任

北京兴源投资管理有限责任公司董事长

中国人民大学 MBA

清华大学经济管理学院 EMBA

曾任职中国银行海南分行，北京志鸿英华科技有限公司（香港上市公司）副总裁，印度塔塔咨询服务公司金融解决方案部大中华区总裁。

从事金融 IT 及互联网领域工作 28 年，深入了解 IT 技术发展及其与金融业务的结合，持续跟进云计算、大数据、人工智能、区块链的发展和机会。

天使百人会成长印记：中国天使投资人百炼成钢

1 亿美元的银行 IT 大单是如何炼成的

从痴迷于计算机 C 语言编程到 IT 银行业顶级销售，

再到一、二级市场的价值投资人，

我的人生三部曲徐徐展开，也步步精彩。

与天斗，与地斗，不如与计算机斗

1989 年，我大学毕业，到中国银行海南省分行工作，从此进入金融科技行业。我痴迷于银行业软件开发，当时在圈子里流传一句话——与天斗，与地斗，不如与计算机斗。

看着屏幕上，一个功能、一个页面、一个菜单的实现，坐在计算机前的我，那份程序员的喜悦与成就感，一般人真的很难理解。

在 20 世纪 90 年代中后期以前，中国银行海南省分行承担了中国银行总行大部分软件开发测试及试点工作，如银行综合业务系统、国际结算系统、信用卡系统和 ATM 系统等。

我有幸全部参与，从而打下了两个基础：一是对银行业务的理解，二是对银行业务与 IT 业融合的理解。

1994 年，我在中国银行作为技术骨干参与的银行综合业务系统，被推广到全国 16 家省分行。

若干年后，自己成为世界 500 强企业的高管，很多金融业内的资深程序员和项目经理还好奇地问我，"当年那个程序是您亲手写的吗？"那种内心的自豪感依旧还会升腾。

其实，那套程序在金融 IT 业鼓励了一两代人去做 C 语言和 UNIX 开发。当时，觉得我算得上是中国金融界最优秀的 C 语言程序员之一。

IT 男转战商场，实现从 0 到 1

2000 年 4 月，我到北京一家互联网公司任总裁。投资方想利用互联网做货车的空车配载，但实际根本行不通。

我只好带两三个人亲自下沉到货运市场，了解实际货运行程，我成功找到了一个宝贝——BP 机。因为 BP 机即将被淘汰，价格很便宜，但完全能满足货运司机的需求。

最终我们通过电脑互联网、BP 机台和 BP 机，利用"鼠标＋水泥"的商业模式，架设了货运的人车通道，落地了空车配载的商业构想，充分利用市场的自我撮合能力，实现了盈利。

其实，这是互联网和移动互联网之间的过渡产物，但我从实际场景到商业模式，学会了不断提纯，不断纠偏，最终形成闭环，完成了从 0 到 1 的突破。这无疑是我人生中难得的一次商业历练。

一次输了的投标，触动我转型销售

2002 年，我进入香港本土最大的金融 IT 上市公司，在其内地公司主要分管技术，做售前售后。我从金融 IT 业甲方变成了乙方，心中五味杂陈，只有自己知道。

2003 年，我们投标拿下了几家全国性股份制银行，但在投标某国有大型商业银行个人信贷系统时，我们却意外失手了。

我突然意识到银行 IT 光做技术不行，一套好软件要能够卖出去，需要销售说明白，要真正把软件的"好"用甲方能听懂的语言说出来。

2003年年底，我开始转型做销售。我秀出自己银行IT男的底色，这是一般销售员望尘莫及的真功夫，于是不仅首战告捷，而且连战连捷。最好的一单是，拿到了某全国性股份制银行上千万元的银行资金业务系统项目。

赢得1亿美元大单而一战成名

2004年年底，有家澳大利亚金融网络服务公司（FNS）拥有位列前三的全球银行核心系统产品，这家公司在全球都做得很好，但在中国市场却颗粒无收。

2005年6月，FNS特邀我加盟，担任中国区总经理。当年9月29日，我们拿到了某国有大型商业银行的全球核心银行系统项目标书，但意外的是，10月16日，FNS被整体卖给了印度塔塔控股的下属咨询服务公司TCS。但10月29日，我们要投标。

是半途而废还是继续战斗？当时的劲敌可是IBM、埃森哲等四家全球顶级公司。业内人士都认为，我们肯定没机会了。

但我经过综合分析认为，一个小公司被一家大公司并购恰恰提升了我们在客户面前的价值。于是，化危为机，经过诸多努力，在2006年4月，我们成功中标，签了1亿美元的大单。这也是2009年以前，全球最大的银行应用软件大单。

这个大单，也是我送给新东家TCS的一个巨大礼包。同年，我被任命为大中华区总裁，直到2018年离开。

14年来，TCS在中国市场获得了不俗的业绩，蝉联五年（2010—2015）"亚洲银行家"亚太最佳银行核心系统实施奖。TCS全球大概46万人，市值1400亿美元，目前IT年营业收入已达220多亿美元，位居亚洲第一、全球第四。

进入人生下半场，转型投资

从 2018 年离开塔塔至今，我开始了两年的休整。我从喧嚣、浮躁、激烈的职场走了出来，放慢脚步，倾听内心的声音，与自己相处。

一方面，我开始周游列国。说来很心酸的是，过去在塔塔 14 年的工作中，我差不多到印度去了近 100 趟，但从来没玩过。这次，我从埃及到希腊、印度到以色列等各个国家走了一遭，体验了不同的异国文化和异域风光，确实从每个地方都得到不同的收获。

另一方面，我静心读书。我读了不少中西方历史、哲学和宗教方面的图书。我意识到，过往自己向外攀缘多，关注内在少，需要理性回归。

2007 年，我曾经在清华大学上 EMBA，现在又回到五道口金融学院读 GSFD。

兴源投资是我和一位清华 EMBA 同学共同创办的事业。这家公司已有 12 年的历史，在一、二级市场都有布局。经过这一年的努力，我们组建了一支名校毕业、业内业绩优异的专业投资团队，2020 年给投资人带来了丰厚的超额收益。

我自己过去的投资虽然也有不错的收益，也成为上市公司的主要股东，但这些都是个人随性的散兵游勇，现在希望和天使百人会家人一起共同从事价值投资，实现合作共赢。